# Denis Criado

# Las Cuatro Artes

## Sabiduría yóguica
## para una vida consciente y plena

editorial airós

© 2023 Denis Criado

© 2024 Editorial Kairós, S.A.
www.editorialkairos.com

**Fotocomposición:** Moelmo, S.C.P.
**Diseño cubierta:** Editorial Kairós
**Imagen cubierta:** Ganesha de Vibha Singh

**Impresión y encuadernación:** Romanyà-Valls. 08786 Capellades
**Primera edición:** Enero 2024
**ISBN:** 978-84-1121-228-1
**Depósito legal:** B 21.138-2023

Este libro ha sido impreso con papel que proviene de fuentes respetuosas
con la sociedad y el medio ambiente y cuenta con los requisitos necesarios
para ser considerado un «libro amigo de los bosques».

*A todos los hombres y mujeres*
*que han ayudado a difundir*
*el mensaje de la libertad*
*por todo el mundo*

# Sumario

## 7. Ofrendas de Intención

*asato mā sad-gamaya,*
*tamaso mā jyotir-gamaya,*
*mṛityor-mā-amṛtaṁ gamaya |*

Condúceme de lo irreal a lo Real.
Condúceme de la oscuridad a la Luz.
Condúceme de la muerte a la Inmortalidad.


Mantra Asatoma
(siglo VIII-II a.C.)

# Introducción: el fuego sagrado

Durante siglos y generaciones los yoguis de la India refinaron numerosas prácticas a través del cuerpo para desarrollar sabiduría y compasión. Formaron linajes y comunidades espirituales alejadas de la civilización, en lugares remotos para asegurarse de que estas prácticas no se perdieran y permaneciera intacta su sabiduría ancestral.

Sin embargo, en el siglo v hubo una corriente revolucionaria, que reinterpretó las enseñanzas originales del Yoga, extendiéndose por la India. Así nació la corriente tántrica, que tenía por objetivo llevar las prácticas de Yoga a todo el mundo, sin alejarlas de la vida cotidiana.

Para nuestra tranquilidad, esas poderosas enseñanzas de distintos linajes yóguicos con una visión tántrica fueron conservadas y se transmitieron hasta nuestros días. Todas apuntan a la práctica de volver a nuestro propio equilibrio (*mitahar*) desde la consciencia pura, cuya naturaleza vive en el momento presente para experimentar la vida, menos desde la mente, analítica y condicionada y más desde la sabiduría del cuerpo y del corazón. Cuando empezamos a ser más conscientes, nos damos cuenta de cómo el inconsciente ha dirigido toda nuestra vida durante mucho tiempo. Es como si despertásemos de un sueño, porque «hasta que no te hagas consciente de lo que llevas en tu inconsciente, éste dirigirá tu vida y tú lo llamarás destino», manifestó en una ocasión Carl Jung.

Según sea nuestra historia personal, alcanzamos la madurez con sentimientos encontrados. Si te dijera que tu vida, tal y como es ahora, ya es perfecta y completa, es posible que no lo creas, pues desde la niñez se nos inculca que la vida es una lucha continua muy lejos de la perfección. Aunque en lo más profundo de nuestro ser sentimos que existe la libertad y la felicidad.

En un principio, las buscamos fuera de nosotros, por eso muchos creen que, si tuvieran un coche de alta gama, una casa más grande, unas vacaciones relajantes, un buen jefe o una pareja perfecta, su vida mejoraría considerablemente. Poco a poco vamos agotando esas expectativas impregnadas de *ojalás*: «Ojalá esto o aquello fuera diferente para cambiar mi vida a mejor».

Al poco tiempo, empezamos a dejar de lado los deseos materiales y nuestra búsqueda se vuelve más sutil y profunda, incluso llegamos a investigar en las disciplinas espirituales, esperando hallar ese «algo más» que nos complete. El problema es que, a veces, lo hacemos con la misma mentalidad que antes. Ya sea buscando liberarnos del sufrimiento o estar siempre felices, nos apegamos a nuestra antigua idea de que vamos a obtener algo, para disfrutar de esas nuevas experiencias que aún no hemos probado. Aunque lo más común es que vivamos intentando evitar todo aquello que nos puede llegar a molestar. Siempre estamos en alerta para rechazar a personas o situaciones que creemos que nos harán daño y aceptamos solo lo que nos dará alegría. Nos podemos llegar a hacer preguntas como: «¿Qué voy a ganar con esto?», «¿Me dará alguna satisfacción si tomo esta decisión?».

A lo largo de los años en mis estancias en los *ashrams*, he sido testigo de cómo a los practicantes de Yoga que acudían a los retiros les preocupaban casi siempre las mismas cosas: cómo cultivar una relación de pareja de forma sana, cómo educar a los hijos con valores universales, cómo ser responsable en todas las áreas de la vida, de qué forma manifestar una vocación o aquello que les apasiona y les llena de vitalidad. Cuando se les preguntaba qué sentían, se les escuchaba decir: «Me siento como si estuviera atrapado entre muros de dolor», «Estoy bloqueado interiormente», «Tengo una sensación de soledad por sentirme vulnerable» o «Tengo dudas constantes sobre qué dirección tomar en la vida». En suma, se sentían con miedo, afligidos y sin saber cómo avanzar. No vivían desde su autenticidad por mucho que practicaran *asanas*.

El ambiente espiritual del Yoga nos aporta paz interior, a través de las estatuas de Shiva, Ganesha o de Hanuman, el aroma a incienso, recitar un mantra en sánscrito, las ceremonias o practicar posturas y meditación. Sin embargo, el Yoga nos brinda mucho más que nuestra paz interior. El dicho tradicional «Yoga es unión con uno mismo a nivel cuerpo, mente y espíritu» también quiere decir: «Yoga es unión con tu pareja, la familia y el trabajo a nivel del cuerpo, la mente y el espíritu».

Las enseñanzas ancestrales del Yoga no se limitan solo a buscar nuestra paz interior o a que tengamos puntualmente experiencias extrasensoriales, sino a que tengamos un compromiso honesto y práctico que *abarque la totalidad de la vida*. Conseguir quietud mental y conexión interior a través de nuestro cuerpo no garantiza una vida en equilibrio. Al contrario, puede que incluso la desequilibre el no saber cómo encajar los nuevos retos que se presentan en el día a día. Esto puede ser muy perjudicial si no hay una comprensión clara de los elementos que rigen la vida y de cómo debemos aceptarlos con sabiduría y compasión.

Aunque la vida es un misterio, en un sentido más elevado es la unión con todo; es decir, que ese todo te incluye a ti y también a lo que te rodea. A través de las enseñanzas del Yoga y con el conocimiento ancestral tántrico, nuestra vida se convierte en una forma de ser donde no solo limpiamos nuestra mirada íntima hacia dentro, sino también hacia fuera, con los demás, y con lo que acontece en nuestro entorno.

La clave para vivir con plenitud está en integrar una mirada consciente, una vez que hemos *despertado* a nuestra esencia espiritual, desarrollándola en forma gradual en el día a día, mientras *limpiamos* el inconsciente que nos impide avanzar. Así *manifestaremos* de un modo único nuestro propósito vital por un bien común. Nos abrimos a aquello que no hemos querido reconocer y, desde allí podremos evolucionar, ser libres y felices. Como dijo el filósofo Ken Wilber: «Hacerse consciente es un camino que cuando se inicia no tiene ni fin ni retorno. Una vez que lo iniciamos, no hay vuelta atrás».

Entonces, cuando dejas de buscar ese «algo más», aparecen la flexibilidad, la conexión y el fluir vital, pues un nuevo comienzo es posible. Empiezas a disfrutar de una vida natural, que te sorprende y hace que te sientas curioso e inocente. Al conectar cada vez más con esta nueva realidad, surge una apertura interior de compasión hacia uno mismo y hacia los demás, transformando nuestra vida cotidiana. Ser conscientes nos hará avanzar y no retroceder nunca, haciendo que conectemos con el gran poder que rige el Universo. Cuando somos conscientes, podemos sentirnos vulnerables, ya que percibimos la energía que fluye desde nuestro corazón y hace que nuestros sueños sean más profundos.

Por este motivo, tengo fe en que la sabiduría ancestral del Yoga presente en *Las Cuatro Artes* pueda ayudarte para que tu vida se convierta en un viaje maravilloso. Entonces, muchas personas a tu alrededor se inspirarán, siendo este el mayor regalo que puedes ofrecer a los demás. En el mundo en el que vivimos, tenemos dos opciones: ser víctimas de nuestro inconsciente condicionado o ser libres desde la consciencia no condicionada para que podamos ser nuestra mayor expresión pura y llena de propósito. Como indican las escrituras védicas: «Al final, las sombras no son sino algo efímero que nos despierta a la luz divina que emana verdad y amor universal, su belleza estará más allá de su alcance. Encuentra la luz de la consciencia, y las sombras no te encontrarán». De este modo, el milagro sucederá, pues viviremos siendo auténticos. Despertar a nuestra vida es celebrarla y gozarla en cada momento, soñando ser libres con ella, amándola y, en una palabra: *viviéndola*.

Por todo esto, te propongo que comencemos juntos esta exploración sobre qué significa vivir plenamente desde la consciencia, para poder aplicarla a nuestra cotidianidad, porque, como dice la tradición: «Basta una chispa de fuego en el corazón para que arda toda la vida de amor».

# 1. El Velo de Maya y la noche oscura del alma
*Destellos de un nuevo amanecer*

Durante milenios, los seres humanos nos hemos hecho siempre estas tres preguntas: ¿Quién soy? ¿Qué significa la vida? Y, sobre todo: ¿Cómo he de vivirla? Para poder responder a estas preguntas existenciales, es importante que seamos conscientes de nuestro origen. Hay una historia ancestral del Yoga que lo cuenta así:

En el principio solo existía dios Brahma. Durante milenios, permaneció absorto en meditación hasta que abrió los ojos y el universo empezó a expandirse. Como un niño que despierta de un profundo sueño, quiso jugar, pero estaba solo y aburrido en mitad de un océano infinito de ideas y posibilidades. Fruto de su intenso anhelo surgió Maya. La diosa aceptó jugar con Brahma. «De acuerdo –dijo Maya– jugaremos a un juego maravilloso, pero tú harás lo que yo te diga».

Brahma, divertido, aceptó la condición de la diosa y, como un niño, se dispuso a obedecerla. Siguiendo sus instrucciones,

Brahma, con sabiduría y compasión, creó el sol y la luna y el resto de las estrellas y planetas. Creó la tierra y la separó del cielo, y creó también los lagos, los ríos y los océanos, las montañas y los valles. Creó animales y plantas y muchísimas flores, bosques y miles de pájaros de colores. Con un gesto de sus manos, puso en movimiento el aire y creó los vientos, y con un chasquido de dedos comenzó el correr del tiempo.

Maya quedó prendada de la belleza del mundo que había creado Brahma y le dijo: «Es tan bello el mundo que has creado, Brahma, que tienes que crear un tipo de animal con la inteligencia y el corazón necesario para que pueda apreciarlo, para que pueda gozar de todas las maravillas de este delicioso mundo». Brahma creó a los seres humanos e impaciente le dijo a Maya: «Te he obedecido en todo, ¿cuándo empezará el juego?». Maya sonrió: «¡Empezaremos a jugar enseguida!». La diosa cortó a Brahma en miles de trocitos pequeños y colocó cada trocito dentro del corazón de cada uno de los seres humanos. «Ahora –dijo la diosa– voy a hacer que se olviden de ti, pero tendrán que encontrarte si quieres ganarme».

Maya creó un juego, y Brahma aún no lo ha ganado.

Todo lo que haces y llegas a creer es, en realidad, una ilusión. Toda nuestra mente está llena de pensamientos condicionados que nos impiden ver la realidad tal y como es.

Maya es la ilusión producto de las creaciones de nuestros propios pensamientos condicionados por el mundo en el que vivimos, y, si observas con detenimiento, siempre tendemos a analizar, interpretar, hacer juicios sobre nosotros mismos y sobre las personas y las cosas de nuestro alrededor. Nuestras creencias son las que le dan forma a la realidad de la naturaleza humana y las tomamos como la verdad única y última.

Los yoguis llaman a esta ceguera, provocada por el juego de Brahma y Maya, el «Velo de Maya» o «espejismo de Maya». A través del Velo de Maya crecemos, nos hacemos adultos y nos movemos con experiencias a lo largo de la vida, sin ser conscientes de su existencia. El espejismo creado por nuestro entorno a nivel social y cultural se convierte en el espejismo de nuestro mundo interior, moldeando nuestra forma de pensar, de ser y de hacer sin un propósito alineado con nuestro corazón. Dejamos de ser auténticos, porque dejamos de crear, tal como Brahma con Maya seguimos atrapados en su juego, estamos hechizados y somos un producto más de la sociedad y la cultura.

Creemos que somos libres y tomamos nuestras propias decisiones en la vida, pero en realidad estamos programados por el espejismo del mundo externo en el que hemos crecido y, a una edad temprana, empezamos a recibir el *Maya* externo para crear nuestro mundo interno, que nos deja hipnotizados, sin que seamos conscientes. Empezamos a ver la realidad desde el velo de nuestro *Maya* interno.

*Maya* está creado por un conjunto de reglas sociales y culturales, conductas y creencias creadas de generación en generación, sin que nadie se oponga ni las discuta antes de adoptarlas. Con el tiempo se convierten en un gran obstáculo para convertirnos en seres humanos coherentes con aquello que sentimos, espontáneos donde nos mostramos naturales y sin el velo ilusorio que nos impide ser quien realmente somos. Si miras la vida a través de lo que lees y ves en las noticias, verás competición, violencia y abusos; por lo tanto, tendrás una visión del mundo muy negativa y sin esperanza. Sin embargo, cuando descubrimos que existe *Maya* dentro de nosotros nos damos cuenta de que estamos viviendo como los demás que hacen, dicen, visten, desean, creen y sueñan. A ese momento, se le llama *despertar espiritual* y no se olvida, porque has despertado del sueño con el que te sedujo *Maya* y que durante mucho tiempo no te dejó ver la vida tal como es.

Entonces, cuando despertamos a nuestra *consciencia*, a la visión del alma, iniciamos un proceso en el que nos distanciamos del *Velo creado por Maya* que nos impide ver y ser nosotros mismos. Cuando miras dentro y empiezas a escuchar tu corazón, accedes a un gran poder: *el poder del amor*, en lugar de seguir viviendo bajo el miedo que está estrechamente influenciado por *Maya*. Al principio, cuando sucede esto, nos sentimos incómodos y hasta podemos empezar a criticarnos duramente por no haber sido conscientes antes, ya que nos tendremos que alejar de todas nuestras ideas y creencias preconcebidas, haciendo un reaprendizaje para ampliar nuestra mentalidad, nuestras perspectivas y creencias. El resultado de despertar lo encuentras en la armonía con toda la naturaleza y el entorno que te rodea, pues te sientes seguro y conectado. Descubres que la vida es un camino de vuelta al amor, pese a que *Maya* y sus condicionamientos del pasado nos desconectaron de nuestra esencia.

La tradición del Yoga nos enseña que nuestro *Maya interno* se crea con semillas externas, conocidas como *samskaras*, y la suma de los *samskaras* o impresiones que recibimos crea en cada uno de nosotros una memoria programada única, conocida como karma, también conocida en la tradición como *memoria kármica o karma inconsciente (chitta)*. Desde nuestro nacimiento, el cuerpo y la mente son como un huerto fértil, donde caen continuamente semillas de las que no tenemos ningún control. Con el tiempo, estos *samskaras* echan raíces, se hacen fuertes y crean patrones automáticos, oscureciendo nuestra alma, hasta que ya en la adultez nos hacen vivir de una forma que en realidad no queremos. No tienes luz, tus ojos se apagan, no logras ver con claridad y lucidez, por eso, sufres. La memoria kármica nos guía hacia formas de vivir alejadas de nuestro verdadero ser.

Cuando somos conscientes de nuestro karma, descubrimos que es muy poderoso. Aunque el *Velo de Maya* empieza a caerse delante de nuestra consciencia, nos damos cuenta del poder que ejerció y sigue ejerciendo en nuestra vida. Cuando despiertas de esta *ceguera*, descubres que tu mente no deja de analizar, de criticar y de buscar formas de vivir alejadas de tu corazón, con calificativos de «bueno o malo», «doloroso o placentero», «hermoso o feo»... La memoria kármica es una fuerza difícil de contener, porque se formó durante mucho tiempo bajo la influencia de *Maya*, de este modo, cualquier cosa que vaya contra las formas de ser y actuar del mundo *Maya* hará que sintamos miedo, pues nuestro cuerpo se debilita y nos deja sin energía. Aunque sabemos que no somos en esencia nuestra memoria kármica, seguimos juzgando y no nos aceptamos a nosotros mismos tal como somos, ni tampoco a los demás. Por este motivo, a los seres humanos nos cuesta tanto mostrarnos siendo íntegros y fieles a nuestro corazón, ya que tenemos miedo a ser rechazados por la cultura y la sociedad en la que hemos crecido.

Durante la fase de creación de la memoria kármica, empezamos a forjar un ideal de quienes somos o creemos ser, con el objetivo de encajar y ser aceptados. Cuando educamos a los niños, lo hacemos con un conjunto de reglas, creencias y aspiraciones para sus vidas. Nos decían: «Si estudias, triunfarás» o «Si te aseguras un buen trabajo, tendrás todo lo que necesitas y serás feliz». Nuestros primeros maestros fueron nuestros padres, y si no seguíamos su *Maya*, nuestra relación con ellos podía ser difícil, con discusiones y confrontación.

Cuando los niños nacen son como una hoja en blanco: limpios, puros y sin limitaciones ni prejuicios. Al ver el mundo por primera vez, se asombran por todo lo que sucede, pues ese es el tesoro de la inocencia. Tan solo hay que ver la cara que ponemos los adultos cuando miramos cómo juega un niño. Solemos sonreír y por unos instantes se aclara la nube gris de *Maya* que distorsiona y manipula nuestra manera de ver, de sentir y de interpretar la realidad en la que vivimos y de cómo nos desenvolvemos en ella. Justamente, es ese asombro y la curiosidad por ser espontáneos la que echamos de menos. Los niños nos recuerdan nuestra capacidad de ser felices en cualquier momento, pero por miedo a no cumplir las expectativas de nuestros padres, nos convertimos en un producto del *Velo de Maya*. Nos hemos convertido en alguien que en realidad no somos. El miedo fortaleció nuestra forma de ser y existir en el mundo, y nuestro corazón se endureció con el pasar del tiempo. Por eso, cuando por casualidad conocemos a alguien más libre del *Velo de Maya*, nos quedamos maravillados, lo admiramos y, de forma mágica, nuestro corazón se ablanda y se abre. Aunque enseguida volvemos al espejismo, nos desconectamos y, en silencio, empezamos a sufrir. El corazón se cierra y perdemos el contacto con el niño inocente que fuimos.

Cuando pensamos y funcionamos a partir de nuestro sistema de creencias, el condicionamiento de *Maya* inculcado se va consolidando en nuestra mente, formando nuestra personalidad y endureciendo nuestro corazón con una capa protectora. Dejamos de abrirnos a lo que no conocemos, a lo nuevo, al acto de descubrir. Nos repetimos determinados mensajes e ideas, que escuchamos en nuestra infancia sobre lo que se tiene que hacer y tener para ser aceptado como individuo normal en nuestra sociedad, para terminar finalmente convirtiéndonos en eso que creemos ser.

Si pensamos en la paternidad, por ejemplo, en el proceso de creación del *Velo de Maya* interno de los hijos, existen dos formas de vivir la paternidad: la consciente y liberadora o la inconsciente y condicionada, aunque la intención en ambos casos sea desde el amor. Los que optan por la primera han tomado consciencia de que sus hijos vienen a través de ellos, pero no les pertenecen. Saben que algún día comenzarán a vivir su propia vida e intentan apoyarlos durante el proceso de crecimiento para que sean personas auténticas, verdaderamente libres y alineadas con su propósito vital. Por eso, su estilo de vida les permite transitar por el mundo de *Maya* sin ser afectados por los condicionamientos, pues son conscientes del mundo *más allá* de *Maya* y hacen todo lo posible para educar a sus hijos en esas dos cualidades.

En cambio, los padres que no han despertado del *Velo de Maya* no son conscientes y creen erróneamente que sus hijos son una más de sus posesiones, tratándolos como una prolongación de su propio espejismo, pues para ellos solo existe *Maya* y se tienen que adaptar sí o sí. En lugar de darles lo que verdaderamente necesitan: una conexión interna e inquebrantable con su corazón y formas únicas de ser, les ponen todo tipo de límites. Les inculcan creencias, normas y valores que definen quiénes han de ser y cómo deben vivir para ser hombres y mujeres de provecho, con éxito y seguridad. No les permiten crecer siendo ellos mismos con sus talentos y habilidades únicas, ni desarrollarse siguiendo su propio camino. Al contrario, desean que se conviertan en los adultos que tienen que ser para encajar a la perfección en la cultura y la sociedad en la que viven. Año tras año, el espejismo paterno empieza a instalarse en el interior del hijo, que se sentirá prisionero, al no poder conectar con su verdadero destino.

Sin embargo, nuestros padres no tuvieron la culpa, porque todo lo hicieron por nuestro bien y con la mejor intención. Simplemente, heredaron el espejismo de sus padres y estuvieron atrapados en su *Velo de Maya* sin darse cuenta. Cuando nos hacemos conscientes de este hecho, descubrimos que no es suficiente amar a las futuras generaciones para criarlas bien.

Cuando el condicionamiento de *Maya* nos esclaviza, la educación consciente tiene como finalidad liberarnos. Uno de los significados de la palabra latina *educare* es «conducir de la oscuridad a la luz»; es decir, «extraer algo que está en nuestro interior, para desarrollar así nuestro potencial humano». Por lo tanto, la función de los padres no consiste en proyectar una manera de ver el mundo sobre sus hijos e influenciarlos en qué estudiar o en qué trabajar, sino en ayudarlos a que descubran desde su autoconocimiento consciente cuál es su pasión y cuáles sus fortalezas y talentos únicos.

De la misma forma, nuestro *Velo de Maya* también se incentiva con los anuncios para consumir, que nos llegan con continuos mensajes sobre qué comprar, qué llevar y qué debería gustarnos.

También, si consideramos el uso del lenguaje, veremos cómo influye nuestra forma de pensar, por ejemplo, ¿en qué piensas cuando escuchas la palabra *inmigrante*? Para algunos de nosotros junto con la palabra, pueden aparecer ideas como: el cierre de las fronteras, el país está lleno, hay falta de recursos o hay demasiados inmigrantes ya viviendo en nuestro país. Para otros, esa misma palabra puede sugerir: falta de médicos y enfermeros cualificados, expatriados que viven en el extranjero, ciudadanos con derecho a tener una vida digna o estudiantes extranjeros sin recursos. Dependiendo del tipo de *Maya* a que hayamos sido expuestos, ya sea a través de libros, periódicos o valores familiares, tendremos una visión determinada sobre los inmigrantes.

Nuestro *Velo de Maya* también es creado por la religión en la que hemos crecido. Cualquiera que sea la religión que hayamos adoptado como adultos, en muchas ocasiones es la misma que recibimos cuando éramos niños. Dependiendo de cómo nos la hayan enseñado, podemos llegar a tener juicios con respecto a otras religiones, además de moldear cómo tiene que ser nuestra fe. Los *samskaras de la religión* que hemos recibido pueden incluso interpretar y distorsionar la realidad *Maya* con el recuento de las principales guerras históricas con todo tipo de perspectivas, así como los *samskaras de los gobiernos* pueden manipular las guerras actuales.

Hoy en día, el *Velo de Maya* también se ha extendido al ámbito digital. Las redes sociales fortalecen a *Maya*, pues pasamos mucho tiempo preocupados por nuestra imagen, por miedo a ser rechazados o al no poder ni saber renunciar a los *samskaras de consumo*.

De este modo, comprendemos que el *Velo de Maya* se extiende a las normas y a las ideologías que adoptamos en la sociedad que nos rodea, sobre todo acerca de la educación, el empleo, la cultura, la religión, las amistades y la vida familiar. Ahora, nuestra mente está tan nublada por los prejuicios originados por el *Velo de Maya* que resulta imposible pensar en otra realidad. Ante estos estímulos, reaccionamos de una forma predeterminada y vivimos con un desorden que nos hace sufrir. Pareciera que nuestra vida se hubiera automatizado sin que hayamos sido conscientes.

Aunque comprendemos que nuestro *Maya* interno es sobre todo inconsciente y automático para la mayoría de nosotros, no queremos reconocer que reaccionamos en cierta forma a sucesos específicos y que esto determinará quiénes seremos. Una persona pesimista siempre tiene la misma perspectiva interna ante cualquier situación externa, recreando la misma experiencia una y otra vez. Cuando somos conscientes del aspecto interno de *Maya*, lo purificamos y empezamos a tomar decisiones alineadas con nuestro corazón, dejando de ser víctimas de actitudes inconscientes, guiadas por el miedo, que, si no deja de ser protagonista en nuestras vidas, hará que nos critiquemos a nosotros mismos y también a los demás.

Durante todo este proceso, el miedo nos habla a través de la voz de la crítica interna, porque durante mucho tiempo nos criticaron, nos juzgaron, se burlaron de nosotros, nos dijeron cómo teníamos que ser, cómo teníamos que comportarnos, qué estaba bien y qué estaba mal, qué podíamos hacer y qué no, qué éramos capaces de hacer y qué no, qué cosas se nos daban bien y qué cosas no, fortaleciendo de esta forma negativa nuestra memoria kármica.

Por este motivo, cuando no somos conscientes de ella, se presenta en muchas ocasiones con una crítica feroz e implacable. Es una voz interna que nos limita y nos dice cómo debemos ser y actuar para seguir viviendo bajo la falsa realidad creada por *Maya*, en la que estamos, pero si queremos salir, saltará la voz crítica interna y nos hablará con la moral aprendida acerca de lo que está bien y lo que está mal, para que nos rindamos a ella.

De este modo, la crítica interna alimenta y fortalece nuestra memoria kármica con frases como: «Ni se te ocurra hacer eso porque...», «Haz esto porque...» o «Tú no vales para esto». Muchas veces esto es tan inconsciente que no nos damos cuenta, pero si nos detenemos por unos momentos, podemos sentir malestares en nuestro cuerpo, como cansancio o falta de energía. Es la *voz de Maya*, que a través de su crítica interna nos dice: «No puedo», «No soy suficiente» o «No me lo merezco». Esta voz nos guía para que encajemos a la perfección en su realidad. Pero si nos rebelamos, porque sentimos que no es bueno para nosotros, esa voz crítica interna se encargará de reconducirnos, criticándonos. Lo cierto es que, con el tiempo, la voz de la crítica interna, fiel sirviente del *Velo de Maya*, no nos dejará avanzar, aprender, ni evolucionar. Si no somos conscientes de ella, su crítica será autodestructiva y no nos permitirá aprender del error, ni nos dará una salida para deshacernos de *Maya*, porque no podremos hacernos la pregunta «¿cómo puedo mejorar?», sino que seguiremos estancados, en la posición de víctimas.

Una de las funciones de esta voz crítica es hacernos sentir inseguros cuando tenemos el impulso natural de salir de nuestra zona de confort, que es la zona de *Maya*. De modo que, cuando tratemos de hacer algo que nace de nuestro corazón, nos paralizará para que no lo hagamos y nos quedemos allí sin cambiar: «No lo vas a hacer bien», «No vas a ser capaz», «No vas a poder», «Ya no toca hacer esto», «Ahora no..., quizás en otro momento». Nos sabotea. Si no somos conscientes de esta voz, que no nos deja ser nosotros mismos, tratará de censurarnos, provocando emociones negativas y acabará con quitarnos las ganas de hacer todo aquello que nos hace libres y felices.

Al no ser conscientes del *Velo de Maya* y de su actuación con esa voz crítica, desarrollamos una baja autoestima, que es la causa de nuestras inseguridades, pues nos provoca vínculos tóxicos con los demás, y sentimos una gran soledad. Llegamos a convencernos de que no hacemos las cosas bien y sentimos que no estamos a la altura, lo que nos llevará a tener un profundo sentimiento de vergüenza y de culpa hacia nosotros mismos.

Las cosas cotidianas que antes nos llenaban, ya no nos llenan y, de repente, parece que todo carece de sentido. Nuestra alma se oscureció hace mucho tiempo, pues el *Velo de Maya* y sus condicionamientos kármicos inconscientes son la única razón por la que nos sentimos estancados.

Al despertar y darnos cuenta de la existencia del *Velo de Maya*, nos iniciamos en lo que se conoce en las tradiciones yóguicas como *la noche oscura del alma*. En este periodo de nuestras vidas nos sentimos perdidos y todo lo vemos oscuro, porque nos hacemos conscientes de que hemos vivido en piloto automático bajo la influencia de un programa kármico instalado en nosotros durante mucho tiempo.

Todo lo que nos dijeron acerca de lo que nos «haría felices» no es cierto y descubrir esta verdad duele en un principio, ya que parece que todo lo que vivimos hubiera sido una mentira. Cuando nos adentramos en *la noche oscura del alma*, nos damos cuenta de que fuimos condicionados a ser, conseguir y buscar cosas externas, creyendo que nos harían sentir más plenos. En cambio, hemos sacrificado lo más preciado que la vida nos puede conceder: nuestra verdadera libertad.

Sin embargo, hay esperanza, a pesar de todos los condicionamientos de nuestra cultura y sociedad, de las creencias y traumas intergeneracionales heredados de nuestro sistema familiar. Todo ha confluido de una forma difícil de explicar para que ahora nos demos cuenta de cómo las máscaras creadas por nuestra memoria kármica se pueden empezar a caer y por primera vez podemos sentirnos realmente libres.

Aunque al principio puede ser un *shock* despertar y ser conscientes del *Velo de Maya*, es necesario para renacer. Se abre un nuevo camino de no retorno porque comenzamos a mirar dentro e incluso buscamos acompañamiento de aquellos que son realmente libres. Durante un tiempo nos silenciamos y empezamos a desconectar del mundo exterior, pues descubrimos que necesitamos mucho coraje y valor para soltar lo que ya no queremos, porque que no nos sirve. Aquello que nos aleja de nuestra verdadera forma de ser y de nuestra expresión, que tiene una forma única en el mundo. Comenzamos el camino de regreso a casa, iniciando una nueva vida con propósito, con relaciones más profundas y significativas. Nos sentimos más nosotros mismos y empezamos a recuperar nuestra autenticidad.

Por este motivo, el viaje hacia la autenticidad en un principio es solitario, ya que descubrimos que no hemos comprendido nuestras necesidades, ni quiénes somos realmente, y por eso en un primer momento nos sentimos desolados y muy vulnerables. Durante este tiempo oscuro, nuestra voz interior nos puede criticar duramente, pero si nos armamos de coraje y la identificamos, empezará a perder su poder, pues ya no le haremos caso, hasta que llegará un punto en que se callará para siempre.

Aunque durante *la noche oscura del alma* podemos llegar a tocar fondo emocionalmente, y quizás pensar que la vida ya no merece ser vivida, comprenderemos que es un periodo de tiempo en el que iniciamos un proceso de mutación y de cambio, porque los seres humanos tenemos un impulso innato para no rendirnos. Es un proceso inevitable, que sucede porque tiene que ocurrir, como la oruga que no decide querer convertirse en mariposa, sino que es la metamorfosis en sí que hace que pase. Aquí reescribo el proceso como lo explica la biología evolutiva:

Cuando una oruga, un tipo de larva, felizmente come las hojas que le rodean, consume diariamente una cantidad cientos de veces más grande que la de su propio peso. Entonces llega un día en el que empieza a comer menos hasta quedarse completamente quieta y se forma una crisálida que se encierra en un capullo, donde permanecerá inmóvil y sin alimentarse. Estas nuevas células, que los científicos llaman células imaginales, empiezan a aparecer en el cuerpo de la oruga y a multiplicarse. El sistema inmune de la oruga reacciona a estas nuevas células como extrañas, como enfermedad o infección, y rápidamente las ataca y las destruye. De la misma forma en que reacciona nuestro cuerpo al rechazar el trasplante de un nuevo corazón. Pero más y más células imaginales aparecen generando un caos interno dentro de la oruga y comienzan a autorganizarse al conectarse entre sí. Hay una lucha entre las viejas células y las nuevas, hasta que finalmente el sistema inmune se siente abrumado y la oruga empieza a disolverse en licuado, empieza a morir. Luego las células imaginales reciclan toda la masa de licuado en una nueva entidad: una mariposa.

De forma similar, durante *la noche oscura del alma* pasamos por un proceso de muerte interna, conocida como *la gran muerte*, para que el cambio y un nuevo yo nazcan. Tal como dice la tradición yóguica, «has de morir para renacer». No comprender que tenemos que morir para renacer es no comprender el proceso de metamorfosis por el que pasamos. Cuando hayamos renacido, entraremos en una nueva realidad, pero no es un proceso sencillo.

Cuando las viejas creencias kármicas que tenemos instaladas son desafiadas, lo nuevo es recibido con resistencia o visto como si fuera una infección. Por eso, nos resistimos al cambio y a las nuevas posibilidades que nunca habíamos contemplado, que son atacadas. Estas fuerzas opuestas luchan durante un tiempo, haciendo que tengamos un conflicto interno o una crisis existencial. Entramos en confusión, pero si invocamos a nuestro guerrero espiritual, como las células imaginales, la metamorfosis sucederá. Nos transformaremos, y pasaremos del viejo al nuevo yo, más consciente, maduro, más sabio y compasivo; es decir, experienciaremos nuestro yo auténtico, y eso es realmente asombroso, porque es un milagro.

Entonces, si tenemos el valor de purificar la memoria kármica, nuestra personalidad y nuestro cuerpo brillarán, porque serán el reflejo del latir de nuestro corazón más puro, la luz del alma, de *Brahma*. Pero si decidimos vivir sin consciencia y desde la ignorancia, automatizando nuestra vida con hábitos no sanos y sin aspiraciones que nazcan del corazón, se nos agotará la energía y viviremos haciendo juicios, saboteándonos y manipulando a los demás.

## Destellos de un nuevo amanecer

Como hemos descubierto, nuestro día a día hasta ahora estaba focalizado en emplear mucha energía para cultivar y mantener vivo el *Velo de Maya*. Sin embargo, todos tenemos diferentes tipos de sueños, deseos, objetivos y visiones para nuestra vida. Entonces, ¿cómo deshacernos de los condicionamientos kármicos que la oscurecen y nos alejan de ser quienes estamos destinados a ser?

En la tradición milenaria del Yoga, todas estas inquietudes se apoyan sobre Cuatro Artes que integrar, que nos guían a lo largo de la vida, fortaleciendo nuestra claridad y armonía. Las Cuatro Artes yóguicas de la existencia humana tienen como base los textos védicos y son los llamados *Purusharthas*: *Moksha*, *Artha*, *Kama* y *Dharma*. *Purush* significa «alma» y *artha* significa «propósito». Desde la visión del hinduismo, eran comprendidos como cuatro metas u objetivos que alcanzar en distintos momentos de la vida: *Dharma* era visto como el primero y *Moksha* como el último. Saber qué son los cuatro *Purusharthas* desde la visión yóguica hará que afloren nuestras potencialidades y podamos vivir de forma saludable, holística y consciente.

*Moksha* se traduce como «libertad interior»: el camino espiritual y meditativo para vivir siendo conscientes.

*Artha* se traduce como «riqueza»: ser responsables en el trabajo, con la familia y con las amistades.

*Kama* se traduce como «placer o descanso»: cuidar de nuestro cuerpo.

*Dharma* se traduce como «servicio»: sentirnos útiles en la sociedad por un bien común.

Por este motivo, los yoguis definieron la sabiduría de los *Purusharthas* como Cuatro Artes, es decir, prácticas yóguicas que hacer en el día a día *más allá de la práctica formal de Yoga en la esterilla*. Las Cuatro Artes son como cuatro plantas a las que tendrás que cuidar por igual a lo largo de la vida. Cada una influye en la otra, y si no cultivas una, las otras tres se debilitan.

Cuando equilibras estos cuatro aspectos a través de las Artes, logras encaminarte hacia una existencia en equilibrio, ya que reconectas con tu propósito en esta vida: la de tu alma.

Todos venimos a este mundo con el potencial de acceder a una energía abundante que se renueva con nuestra conexión más íntima. Cuando las Artes vienen practicadas en el día a día, de forma mágica, crean orden y dirección en nosotros y en aquello que nos rodea. Nos permiten acceder de forma más consciente a lo nuevo que espera ser manifestado desde nuestro corazón. Nos hacen más naturales y espontáneos. Al conectar con cada una de los *Purusharthas* y al desarrollar sus Cuatro Artes, accederemos a la fuerza de la vida. Nos honraremos y nos respetaremos, mientras nos abrimos a aquello que se requiere en cada momento de forma coherente, íntegra y responsable. Volveremos al fluir del río de la vida.

Cada vez que des un paso para alejarte interiormente del *Velo de Maya*, descubrirás que cada momento es único e irrepetible, y te sentirás agradecido. No darás nada por hecho y eso hará que te sientas dichoso. Pasarás de vivir bajo el miedo condicionado por la memoria kármica a acceder al *poder del amor* que fluye en cada momento a través de tu corazón. Tal como nos decía Patanjali, el padre y el codificador del Yoga hace más de dos mil años: «Se practica Yoga para resistir, debilitar y remover todos los obstáculos físicos y mentales en la realización a Brahma (Dios)». Por más que tu memoria kármica te quiera hacer creer lo contrario y quiera llevarte por caminos de *Maya* que te restan vitalidad, empezarás a recuperar y encarnar el gran espíritu que te hace sentirte conectado a toda la creación. Si eres capaz de ponerlos en práctica, tu vida entera vendrá transformada. Si tú cambias y tu energía cambia, los demás cambiarán. Te sorprenderá cómo el *Velo de Maya* dejará de existir en ti y se caerán todas las capas kármicas alrededor de tu corazón. Con voluntad, lo conseguirás y crearás una vida maravillosa.

Necesitas llenarte de valor y de fe para poner en práctica las Cuatro Artes. Cuando lo hagas, verás que el drama de la vida dejará de existir y brillarás en cada momento. Nacerá también tu intención más pura para cada uno de los seres humanos y de las diferentes formas de vida que habitan en nuestro planeta. Una intención tan bella como esta bendición nativo americana:

*Que el sol te traiga nueva energía cada día.*
*Que la luna restaure tu ser suavemente por la noche.*
*Que la lluvia te limpie de preocupaciones.*
*Que la brisa sople nuevas fuerzas en tu ser.*
*Que camines con tranquilidad por el mundo y aprecies su belleza todos los días de tu vida.*

Con esta intención, comencemos juntos a explorar cada una de las Cuatro Artes milenarias del Yoga, los *Purusharthas*, para vivir siendo conscientes y auténticos. Descubrirás cómo se terminará el juego de *Maya* y empezarás a vivir un nuevo y único propósito: el propósito de tu alma aquí en la Tierra.

«La libertad no es posible
si no incluye la libertad de cometer errores.»

MAHATMA GANDHI

# 2. La Primera Arte: *Moksha*
## *Sé tu esencia consciente*

La Primera Arte, *Moksha*, es la más importante, porque si no desarrollas consciencia no podrás poner en práctica las otras tres artes. *Moksha* es tan poderosa que podrás vivir de forma más libre, despierto y conectado con tu interior. Cuando despiertas a la unidad del universo, más allá de tu cuerpo y de tu mente, descubres que eres aquello que subyace en Todo: la consciencia pura, el alma que eres y somos. Entonces empiezas a vivir de forma más consciente.

La Primera Arte es *ser tu esencia consciente* y es muy poderosa, pero para ponerla en práctica se requiere de constancia y disciplina. La pregunta es: ¿por qué ser conscientes? Porque si consigues desarrollar consciencia en ti, notarás cambios muy importantes y en poco tiempo. También, más allá de la mente y de sus pensamientos condicionados e inconscientes, podrás crear la vida más plena que estás destinado a vivir. Con ella te impulsarás para desarrollarte y restar poder a la memoria kármica, te sentirás capacitado para cuidarte y transitar por el mundo de forma segura y en conexión contigo mismo y con los demás.

La consciencia es tan poderosa que su luz puede transformar una vida o cambiar el destino de todo un país. Por ejemplo, en mitad del siglo XX, en la India, mediante el poder de la consciencia, un hombre delgado y de baja estatura empoderó a un país entero contra el Imperio británico. Mahatma Gandhi llevó a su pueblo a la independencia y le transmitió la no violencia. Es decir, permanecer en equilibrio al no identificarse con emociones como el odio y reaccionar desde ellas, y, por lo tanto, se unieron en armonía ante las represalias violentas que recibieron.

A lo largo de la historia vemos ejemplos de cómo el poder del alma, la consciencia, ha podido vencer injusticias, porque no existía el miedo. Por eso, llamaron a Gandhi *mahatma*: «la gran alma». Sus acciones, que tenían como base una práctica yóguica, fueron hechas desde la consciencia espiritual, transcendente y llena de pureza.

El alma, esa consciencia pura que somos en esencia (*vidya*), tiene tres cualidades: es atemporal, eterna y no cambiante. Es lo que está presente antes, durante y después de cada experiencia, tanto sutil como física; viene y se va. Es testigo consciente de todo aquello que pasa a través. Es decir, que eres quien se hace consciente cuando una emoción no está presente, cuando está y cuando se ha ido. Ahora bien, ¿qué pasaría si no apareciera nada para observarse, escuchar, saborear, sentir o imaginar? ¿Qué quedaría entonces? La nada. La siguiente historia nos muestra su naturaleza:

Se cuenta que en un gran templo se alzaba desde tiempos antiguos una enorme estatua de Buda hecha de arcilla. Aunque no era una de las más bellas y refinadas obras de arte budista, se había mantenido durante quinientos años y se había convertido en objeto de veneración por su incuestionable longevidad. Este Buda había sido testigo de violentas tormentas, cambios de gobierno y ejércitos invasores, pero había resistido. Llegó un momento, sin embargo, en que los monjes que cuidaban el templo advirtieron que la estatua había empezado a agrietarse y que pronto iba a necesitar ser reparada y pintada de nuevo. Tras un periodo que resultó especialmente caluroso y seco, una de las grietas se hizo tan ancha que a un monje curioso se le ocurrió tomar una linterna para investigar qué había allí dentro. Lo que apareció de golpe al iluminar la grieta fue ¡el destello brillante del oro! En el interior de aquella sencilla estatua, los residentes del templo descubrieron una de las imágenes de oro de Buda más grandes y luminosas que se habían creado.

Cuando eres consciente de tu verdadera naturaleza y de que no eres la mente ni el cuerpo, *la arcilla kármica* empieza a resquebrajarse y en tu personalidad se empiezan a divisar los destellos puros de tu esencia. Empiezas a ser más libre y desarrollas *Moksha* en ti.

Si hacemos otra analogía, imagínate que eres el protagonista de una película. La mente interpreta todo el espectro de experiencias humanas a través del cuerpo. Cuando el personaje está alegre, se obtiene la experiencia de alegría, y cuando el personaje siente dolor, se obtiene la de dolor. Todo el drama de la existencia humana desde el nacimiento hasta la muerte son situaciones cambiantes y, sin embargo, la consciencia sabe que esas experiencias no son la totalidad de quien eres. Pero se permite su existencia para que sean como las nubes del cielo, para que se vivan, se sientan y se experimenten. Sin embargo, desde la consciencia no nos identificamos con ellas, pues lo que somos es como el cielo, que no tiene ni principio ni fin. El cielo lo contiene todo; la lluvia, las nubes, los pájaros, cualquier cosa, y hay días en que no hay nada. El cielo está despejado, pero está. Existe.

Por este motivo, cuando experimentamos esas emociones y nos olvidamos de quiénes somos en realidad, dejamos de ser libres y felices. Creemos que somos esas sensaciones y por este motivo buscamos las experiencias placenteras para sentirnos bien. Olvidamos que *somos nuestra esencia consciente*, conocida en la tradición como *avidya*, y este es un gran obstáculo kármico, conocido en la tradición como *klesha*.

Cuando nos olvidamos de que en realidad somos la pared del cine donde se proyecta la película y su personaje, nos apegamos a esas experiencias y perdemos la perspectiva de la conexión más pura más allá de nuestra forma humana. Sabemos que en esencia somos la luz del aparato que proyecta la película de tu vida. Somos consciencia.

Sabemos que la consciencia es como el cielo que no tiene límites, forma o fronteras. Para entenderlo, imaginemos una olla, que tiene la capacidad perfecta para contener dentro cualquier alimento. Si pones patatas, la olla contiene perfectamente las patatas. Pues algo similar ocurre en nuestra esencia consciente. No hay preferencias y es completamente incondicional. Cuando se sacan las patatas, no queda ninguna dentro de la olla, que está completamente vacía y mantiene su capacidad para recibir lo siguiente, quizás zanahorias. Cuando las zanahorias la llenan, tiene la capacidad adecuada para contenerlas y parece adoptar sus cualidades. Ahora bien, si la olla se identifica con aquello que contiene, no las podrá soltar para que otro alimento pueda ocupar el espacio. Sin embargo, si somos capaces de *recibir, sentir y dejar ir*, el contenedor permanece inalterado y preparado para recibir la siguiente experiencia. Cuando las emociones llenan el contenedor, son completamente sentidas y se permite que lo sean, pues no hay resistencia ni miedo, incluso cuando no hay contenido. La olla no crea una historia del porqué se han ido. Cuando algo se va, se permite que se vaya y la olla no pierde su función.

Por lo tanto, siendo ahora conscientes de que somos el contenedor, la presencia que contiene todo sin preferencia, sufrimos cuando nos olvidamos de nuestra naturaleza y nos identificamos férreamente con el contenido. No solo perdemos nuestro espacio interior, sino también la perspectiva de quiénes somos. No hay *Moksha* dentro de nosotros y, entonces, no decimos: «La tristeza está presente en mí», sino que decimos: «Estoy triste». Nos convertimos en tristeza sin espacio interior. Podemos sentir la tristeza, pero al mismo tiempo crear distancia hasta que pase. ¿Se ve la diferencia? Este pequeño cambio de perspectiva tiene enormes implicaciones. Es como el colibrí, el único pájaro que puede volar hacia atrás y que lo hace antes de posarse en una flor para comer su dulce néctar. Desde la consciencia podemos dar un paso interior hacia atrás y, de este modo, crear *espacio interior* antes de que pasemos a la acción; saboreamos el momento presente. Esa es la belleza de ser nuestra esencia consciente. Porque «la unión entre el que observa y lo observado es la fuente de todo sufrimiento», nos dijo Patanjali.

La visión del Yoga nos dice que no debemos identificarnos con nuestra mente, emociones o cuerpo, porque son aspectos no permanentes de nuestra existencia y, tal como vienen, se van. Como la ola de un océano, un pensamiento, emoción o sensación corporal, vivirá por un tiempo determinado, se moverá y se disolverá al volver de donde vino, conocida como consciencia oceánica. Permaneces consciente y estás despierto. Has despertado a tu consciencia pura, conocida en el budismo como tu naturaleza de Buda, al igual que esta historia:

El Buda iba por un camino poco después de ser iluminado y un viajero vio su notable energía. Entonces le preguntó si era un ángel, un hechicero, un mago o una especie de dios.

–No –dijo el Buda–, estoy despierto.

Una vez que este conocimiento ancestral está establecido en ti, tu día a día tomará otro nivel. No serás víctima del ir y venir de las experiencias de la vida de la forma en que lo has hecho hasta ahora. En lugar de sentirte abrumado por las olas de pensamientos, emociones y experiencias que te agobian, tendrás un contexto estable al que podrás recurrir. Será tu espacio de quietud y de paz dentro de la experiencia, por muy tormentosa que esta sea.

En la tradición yóguica hay un método meditativo conocido como *neti-neti* que se traduce como: «ni esto, ni aquello». Es un método no dual de la tradición *advaita vedanta* para acceder a *Brahma*, sin utilizar definiciones o descripciones afirmativas, así dejamos de identificarnos con lo ilusorio, con todo lo creado por *Maya*. De este modo, logramos la comprensión de lo que *Es*, de la consciencia que no podemos definir como siendo «algo»: lo que está más allá del *nombre* y de la *forma*. Aquí describo el proceso *neti-neti*:

Tengo un cuerpo, pero no soy mi cuerpo. Puedo ver y sentir mi cuerpo y sus sensaciones, y lo que se puede ver y sentir no es el auténtico Ser consciente que ve. Mi cuerpo puede estar cansado o excitado, enfermo o sano, sentirse ligero o pesado, pero nada de eso tiene que ver con mi yo auténtico. Tengo emociones, pero no soy mis emociones. Puedo percibir mi mente y sus pensamientos y lo que se puede percibir no es mi auténtico ser consciente. Los pensamientos y emociones pasan a través de mí, pero no afectan a mi yo auténtico. Soy lo que permanece en estado puro de percepción consciente, un testigo inmóvil de todos los pensamientos, emociones, y sensaciones.

Solamente el proceso de calmarnos y ser conscientes nos libera del drama, de aquello que no somos en esencia, porque no somos la película, sino la luz que proyecta la película.

Por este motivo, la práctica de la meditación es tan poderosa. Cuanta más inquietud tenemos, por ejemplo, como una tormenta en el cielo, más difícil es que seamos conscientes de que somos el mismo cielo. Cuanta más calma seamos, menos drama, menos turbulencias o cambios de tiempo en la mente experimentaremos, y será más fácil darnos cuenta de lo que hay detrás de todo aquello.

Desarrollar una *sadhana* personal a través de la meditación nos permite quitarnos el *Velo de Maya* que niebla nuestra mirada, y podremos ver con desapego y desidentificación las preocupaciones, los miedos y las memorias kármicas que llenan nuestro cielo interior. Las prácticas de meditación yóguica nos conducen en forma progresiva a ondas cerebrales meditativas hasta que el cielo se haya despejado. Somos infinitos, eternos y plenos, cuando restauramos nuestra conexión con la creación. Cuanto más nos adentremos en el estado de unión, más viviremos desde la conexión, pues somos esencia inmutable. Como me decían en el *ashram* en muchas ocasiones: «No hay nada de noble en sentirse superior a los demás. La verdadera nobleza es ser superior a tu viejo yo».

La «historia detrás» del personaje es lo que comúnmente se llama ego, que es una constelación de pensamientos, creencias y experiencias a las que llamamos yo. Como puedes ver, no hay nada de malo con el ego o el programa que se tiene, pues es completamente necesario para el funcionamiento en este plano humano; por eso, no queremos y no debemos eliminarlo. Pero entonces ¿cuál es el problema? El problema está en creer que únicamente eres el ego. Al identificarte con el personaje y su historia, te conviertes en su personaje, te lo crees y te limitas en el mundo en el que vives.

Este *klesha*, gran obstáculo kármico, se conoce como *asmita*. Significa estar identificado con el personaje de nuestro viejo yo. Creemos ser solo el personaje, ya sea médico, psicólogo o el hijo o hija que cuida a sus padres ya mayores. Nunca descansamos, porque estamos identificados con el personaje las veinticuatro horas y los siete días de la semana. Sufrimos y, con el tiempo, nos enfermamos.

Una vez que perdemos la conexión con nuestra esencia consciente, *avidya*, podemos llegar a sentirnos prisioneros de las constantes experiencias externas y las reacciones internas creadas por el personaje (*asmita*) que nos asaltan constantemente. No descansamos y no hay paz, porque nos sentimos identificados con el viejo yo.

Entonces parece que la única forma de resolver esta sensación de confusión que hace que nos sintamos abrumados es hacer algo, como tomarnos una pastilla o cualquier otra sustancia o ver a un profesional. El caso es hacer algo; es decir, tratar de anestesiar al personaje y darnos un descanso. Sin embargo, esas son formas poco sanas de desconectar, de hacer una pausa en la película. Hacer una actividad que nos distraiga como ver una serie es algo que funciona temporalmente, pero tiene costes de salud a largo plazo; al principio parece que funciona dada la adaptación del cuerpo y de la mente, pero al cabo de un tiempo volvemos a sentirnos mal. Sin querer, entramos en lo que en la tradición del Yoga se llama *bucle kármico adictivo*.

Para acceder a la consciencia pura, a nuestra esencia, tenemos que cambiar nuestros hábitos por otros más saludables. Debemos evitar entrar en círculos viciosos para alimentar el personaje con el que nos hemos identificado durante mucho tiempo. De lo contrario, haremos todo lo posible por vivir experiencias que nos aporten felicidad y evitaremos las que nos causan incomodidad o dolor. Es como si, al sentirnos separados de la consciencia pura (*avidya*) y al identificarnos con el personaje (*asmita*), le preguntásemos cada día al viejo yo: «¿Qué puedo hacer hoy por ti para que te sientas bien?». La mente solo nos puede decir aquello que aprendió del pasado, pues opera biológicamente en un sistema binario de supervivencia: placer y dolor.

Por lo tanto, solo es capaz de decirle al viejo yo cómo sentirse bien y cómo mantener el cuerpo satisfecho. Aquí tenemos otros dos grandes obstáculos kármicos. *Raga* es la mente que quiere reproducir una y otra vez experiencias de placer y evita a toda costa experiencias de dolor, conocido como *dvesha*. Es-

tos son dos grandes *kleshas* que tenemos que superar. Tenemos que dejar de buscar el placer y evitar el dolor, y dar la
bienvenida a ambas experiencias por igual y a sus emociones
tal y como son, ya que nunca podremos sentirnos completos
si solo nos relacionamos con la mitad de nuestra vida, que, por
su propia naturaleza, está formada por opuestos, que es lo que
nos hace humanos. Solo cuando sentimos tristeza podemos
apreciar la alegría. Del mismo modo, esperar estar siempre
con energía y nunca cansados nos pondrá en un conflicto interior que nos alejará de nuestra naturaleza humana. El suelo
define el techo y la tierra define el cielo, porque están integra-
dos. Si siempre evitamos el dolor y no lo reconocemos, viviremos en desequilibrio, y lo mismo nos ocurrirá si solo buscamos el placer en nuestra cotidianidad.

La verdadera felicidad está en nuestra habilidad de permanecer enraizados más allá del movimiento de la polaridad de
la vida. Creemos que seremos felices cuando tengamos solo
placer y que nunca experimentaremos dolor si conseguimos
un buen salario y una buena casa y anulamos todo lo que nos
provoca inconformidad. Creemos que algún día podremos estar siempre bien, pero, aunque dediquemos nuestras vidas a esa
causa, ese día nunca llegará.

Un ejemplo de *raga* y *dvesha* es invertir en nuestra imagen
personal, para que las personas nos vean de la forma en que
queremos vernos, lo que nos crea mucho estrés. Queremos sentirnos bien al estar seguros de que las personas nos ven de una
forma en particular y evitamos a toda costa que nos vean como

no nos gusta que lo hagan. Esto nos consume una gran cantidad de energía vital, al igual que ocurre con el esfuerzo que hacemos por mantener las cosas que nos hacen sentir bien: la casa, el coche, la relación de pareja o una nueva pantalla grande de televisión. Mantener un nivel de vida por encima de nuestras posibilidades financieras nos deja exhaustos.

Cuando estamos con personas que nos incomodan, enseguida buscamos la manera de dejar de relacionarnos con ellas. Evitamos envejecer y enfermarnos con productos de salud y bienestar, pues hacemos cualquier cosa por mantener la imagen creada. ¿Puedes ver la cantidad de cosas que hace el viejo yo y su personaje para sentirse bien y evitar el dolor? Con el tiempo creamos un muro alrededor de nuestro corazón. No estamos conectados con nuestra esencia ni tampoco con la vida tal como es. En realidad, debajo de todo eso hay un gran sufrimiento, pese a que tratemos de mostrar que somos felices.

Entonces, la pregunta que te puedes hacer es: «¿Por qué a pesar de todo lo que hago no resuelvo el problema de mi sufrimiento?». Desde una perspectiva yóguica, la respuesta es clara: no puedes resolver un problema que en realidad no existe. No hay ningún problema, porque todo aquello que buscas ya está en ti. Es ilusorio que nuestra mente piense que tenemos que hacer cosas para sentirnos bien, pero la mente funciona así. El sufrimiento no se produce por la circunstancia estresante o dolorosa que pueda presentarse en nuestra vida, sino por la narrativa kármica que hace nuestra mente y que nosotros alimentamos. Es muy sencillo: detente, respira y crea espacio interior, para que nada perturbe tu paz.

La única solución es darnos cuenta y desarrollar ser conscientes más allá de la mente, y educarla para alinearse con nuestra esencia. Ese es el secreto, porque desde la consciencia pura es una ironía que la mente piense que tenemos que solucionar algo que ya está solucionado. El problema es haberte creído que no estabas completo y hacerte una versión limitada de ti mismo. Te identificaste con el personaje y con todo aquello que este buscaba para sentirse bien. Simplemente, te has olvidado de que en esencia eres el océano.

Una vez que hemos identificado el cuerpo y la mente, como olas y a nosotros como la totalidad de quienes somos: el océano, tenemos la firme creencia de que morimos cuando nuestro cuerpo muere, así como la ola se rompe en la orilla. Este hecho por sí solo nos hace sufrir mucho, sobre todo en una edad ya avanzada. Cuando pasan los años, tenemos más miedo a morir, por eso la tradición del Yoga nos dice que todos los miedos surgen del miedo a morir. Por eso hacemos con desesperación todo lo posible para vivir al máximo, a costa de nuestra salud. Este miedo es otro gran obstáculo kármico y este *klesha* es conocido como *abhinevesha*.

Esto explica la expansión de las cirugías estéticas y de los programas de rejuvenecimiento en todo el mundo. Nos sentimos amenazados por la muerte, y esa amenaza hace que rechacemos la temporalidad de nuestro cuerpo, alterando nuestro estilo de vida, priorizando los consumos de belleza y bienestar, comprando el último producto cosmético. Dejamos de hacer cosas que puedan poner en riesgo nuestra imagen. Cuanto más actuemos desde el miedo a la muerte, desde *abhinevesha*, más invertiremos en todo lo que queremos vivenciar, preservar y defender. Sin embargo, conseguiremos lo opuesto, dado el estrés que nos genera y el tiempo invertido en ralentizar el proceso de envejecimiento.

Las personas más longevas y satisfechas del mundo son aquellas que tienen una vida sin preocupación por su imagen, viven con tranquilidad y sin buscar formas de cuidado personal. Simplemente, viven amando, con sencillez, mostrándose tal y como son; por eso, curiosamente, desprenden una gran belleza. Relucen y se sienten eternos.

*Sé tu esencia consciente*. Este *Purushartha*, *Moksha*, es la Primera Arte yóguica que debes poner en práctica si quieres ser realmente feliz y vivir con base en el amor. Transformará toda tu existencia. Para ello, emplea la práctica de meditación que más te atraiga, conecta contigo mismo y ábrete a la consciencia que es y que todo lo abarca. Pero llegar a poner en práctica esta Primera Arte no es fácil porque requiere de una disciplina diaria y constante con la meditación. Durante mucho tiempo, no hemos sabido parar y adentrarnos en nuestro silencio interior.

Cuando seas tu esencia consciente, te será mucho más fácil superar los obstáculos kármicos que se interponen en tu camino. No es agradable vivir siendo una víctima, así que reclama tu propio poder, que es el poder del amor, para encontrarte a gusto y en plena sintonía con la vida. Te abrirás a un sinfín de opciones, pues las oportunidades aparecerán si sabes verlas y solo te pueden esperar cosas buenas. Esta primera práctica yóguica tiene mucho poder; solo con ella notarás frutos maravillosos que te sorprenderán.

En el Yoga, y en las escrituras ancestrales de las *Upanishads*, se compara nuestra vida con la de un árbol sobre el que habitaban dos pájaros. Uno de ellos estaba en la copa del árbol y podía ver el vasto horizonte, le alcanzaban los rayos del sol y comía los frutos dulces del árbol. Se sentía sereno, glorioso y lleno de beatitud. El otro pájaro vivía en las ramas de abajo, donde había sombra y frutos amargos. Se sentía sin fuerzas y sin alegría, estaba deprimido y pensaba que era diferente al otro. Pero su deseo de ser como el pájaro feliz de las ramas de arriba crecía cada día. Pasó el tiempo y su deseo llegó a ser tan grande que sintió una fuerza interior que lo impulsaba a subir de rama en rama, y cuando se aproximó al otro pájaro, descubrió que estaban hechos de la misma esencia. Y pudo contemplar la libertad que tenía para elegir su nuevo destino: la inmensidad del bosque donde podían posarse.

Si ponemos en práctica la Primera Arte y hacemos de este *Purushartha* un ritual para ser *nuestra esencia consciente*, nos convertiremos en una inspiración para muchas personas, porque verán algo puro: nuestra libertad de elegir la vida que queremos. Como le dijo Krishna a Arjuna en la *Bhagavad Gita*: «Un yogui se establece en la consciencia pura antes de pensar hacia dónde se dirige».

Siendo consciente, imagínate todo aquello que puedes llegar a pensar y hacer en la vida. Si lo haces, saborearás el dulce néctar de la inmortalidad, conocido en la tradición como *amrita*. El Yoga es el estado donde no echarás nada en falta. Serás un espíritu libre en un cuerpo humano, serás el aroma que se respira cuando prácticas la Primera Arte: *sé tu esencia consciente.*

# 3. La Segunda Arte: *Artha*
## *Sé responsable, pero pon límites*

Las Tres Artes siguientes solo son posibles si hemos desarrollado la primera. La Segunda Arte, *Artha*, consiste en que asumas tus responsabilidades cotidianas como el trabajo y la familia, pero poniendo límites sanos. Al ponerla en práctica, vuelves a tu vida siendo responsable (*Artha*), pero con los ojos de la consciencia (*Moksha*). Estuviste en la cima de la montaña y descubriste que eres consciencia pura, ahora es tiempo de volver al *mercado*, al día a día, y asumir tus responsabilidades de forma consciente y saludable. Como dice el dicho Zen: «Antes del despertar: cortas leña, llevas agua. Después del despertar: cortas leña, llevas agua». Es decir, sigues haciendo las cosas cotidianas.

La Segunda Arte es que *seas responsable, pero poniendo límites*. *Artha* es nuestro transitar por el mundo de forma responsable y con límites. En el mundo necesitamos adquirir bienes materiales como comida, agua, casa y comodidades, pero si somos guiados por la memoria kármica lo haremos en exceso. También las actividades tan simples como ir al banco, a correos o al supermercado son parte de nuestra responsabilidad diaria. *Artha* también hace referencia a nuestras responsabilidades como padres o madres, como maridos o esposas, como empleados o jefes. Ganar riquezas, tener éxito en los negocios o tener posesiones materiales, desde los ojos de *Artha*, son vistos como un medio para aportarte bienestar a ti y, también, a tus seres queridos.

Veamos ahora lo que significa la palabra *responsabilidad*, que proviene del latín *responsum*, es decir, «responder por algo o de alguien». Hacernos responsables de nuestra existencia es aprender el arte de saber cómo, cuándo y de qué forma *respondemos* en nuestra vida cotidiana. Desde este punto de vista, cuando somos responsables de nuestras vidas conscientemente, respondemos a las circunstancias de una manera sabia y compasiva. De hecho, incluso cuando los eventos no están bajo nuestro control y salen mal, podemos determinar cómo reaccionamos, cómo respondemos ante ese evento. Podemos convertir un suceso en un infierno o podemos utilizarlo como una oportunidad para aprender y crecer. Por ello, ser responsables es un aspecto muy importante, cultivar *Artha* en nuestra vida es saber cómo responder en cada circunstancia que vivamos. La vida es un continuo mar de estímulos y, si no respondemos de forma consciente, sufriremos y sufrirán los demás. Por lo tanto, no importa cuánto intentes culpar a los otros por las cosas que vives, cada acontecimiento es el resultado de las decisiones que tomaste y está en tus manos cambiar tu forma de responder.

Transcribiré aquí una historia que capta la esencia del poder que tenemos a la hora de responder en cada momento de nuestras vidas:

Cuentan que hace mucho tiempo un hombre se quedó viudo y tuvo que quedarse al cuidado de sus dos hijas pequeñas. Las niñas eran muy inteligentes y curiosas. Estaban constantemente preguntando cosas a su padre y él respondía con mucha paciencia. Pero llegó un día en el que el padre de las niñas se vio incapaz de responder a las complejas preguntas de sus hijas y decidió enviarlas una temporada con una anciana maestra que vivía en lo alto de una gran montaña. Las niñas le preguntaban muchísimas cosas y ella parecía tener respuesta para todo. Pero un día le llevaron una mariposa en la mano para ver qué respondía. Pensaron las niñas en preguntarle: «¿Qué crees que tengo en la mano: una mariposa viva o una mariposa muerta?». Si ella respondía que estaba viva, apretaría la mano sin que ella se diera cuenta y así la mariposa estaría muerta cuando la abriera. De esta forma, no podría acertar. Si respondía que estaba muerta, la dejarían libre y tampoco habría acertado. Las hermanas corrieron a ver a la anciana sabia y al llegar, una de las niñas le hizo la pregunta:

–Tengo una pregunta para ti, gran sabia. ¿Qué crees que tengo en la mano: una mariposa viva o una mariposa muerta?

La anciana se quedó mirándola a los ojos y respondió muy serena:

–Todo depende de ti. Está en tus manos.

Si somos responsables siendo libres de la memoria kármica, responderemos de una forma que no imaginabas hasta ahora, y es el camino para abrirte al presente tal como es. Pero si no asumimos la responsabilidad de nuestros actos y recurrimos o bien a «echar balones fuera» o bien al «yo soy así», nuestra paz interior se verá limitada porque no supimos responder con sabiduría y compasión hacia nosotros mismos y los demás. La responsabilidad tiene un requisito fundamental: la libertad de elección. Sin embargo, para tener la libertad de elegir, tenemos que desarrollar consciencia, *Moksha*, para reconocer los *samskaras* que pueden activarse dentro de nosotros.

Recuerda, todos los *samskaras* crearon la memoria kármica, la suma de todas las creencias y experiencias, así como las emociones primarias, hábitos y apegos que hemos heredado de nuestra familia, cultura y sociedad. La memoria kármica es como una nube de un ordenador que lo guarda todo. El ordenador es nuestro cuerpo y mente, y el programa del ordenador es nuestra *memoria kármica* y moldeará nuestras inclinaciones sobre cómo nos comportamos en cada situación y, por lo tanto, influirá en cómo respondemos y en qué grado somos *responsables*. Tienen la fuerza de cambiar nuestras decisiones y acciones. Estas impresiones del inconsciente pueden recrear unas mismas acciones o comportamientos repetitivos una y otra vez.

Mucha de nuestra reprogramación del pasado sirve para nuestro beneficio y hace que seamos responsables. Es más, la mayoría de nuestros *samskaras* son necesarios y útiles y nos hacen responsables en el día a día. Conducen nuestro comportamiento mecánicamente para que no tengamos que pensar sobre aquello de lo que tenemos que ser responsables, como limpiar la casa, conducir un coche o ducharnos. Con la base en el entorno cultural y social en el que hemos crecido, hemos aprendido cierto tipo de «programas» no solo para sobrevivir, sino también para prosperar en nuestro entorno.

Si una persona que vive en las montañas, por ejemplo, aprendió un tipo de programa específico, será responsable y sabrá cómo responder a temperaturas extremas. Si el ejemplo fuera otra persona que ha crecido en una gran ciudad, seguramente habrá aprendido otro tipo de programa kármico para vivir en la ciudad y sabrá ser responsable para responder ante la inseguridad de algunos barrios por la noche. Si, por ejemplo, escuchas pasos detrás de ti en un parque vacío, tu programa kármico diseñado por los *samskaras* te dirá cómo responder dependiendo de la hora, del día, del lugar donde te encuentras o si hay otras personas alrededor. Piensa en los innumerables programas que has aprendido.

Cada uno de nosotros ha aprendido y asimilado formas de responder que se convierten en instintivas y automáticas para ayudarnos a sobrevivir y a transitar en la vida. Esto también se extiende a cómo mantener un trabajo, cumplir las normas sociales o seguir las leyes. Estos son los *samskaras buenos* que nos ayudan y que no queremos que se vayan. Solo hay un porcentaje muy pequeño de *samskaras malos* que trabajan en contra de nosotros y tienden a activarse de forma inconsciente.

Comprender cómo operan los *samskaras*, ya sean buenos o malos, nos ayudará a ser más responsables.

Los *samskaras* funcionan en nuestro interior como surcos, y cada vez que se activan recrean un mismo surco, un mismo recorrido. Al principio, el surco puede ser ligero, casi como una línea que hacemos con el dedo en la arena. Con cada respuesta repetitiva, el surco se hará más profundo, y cuanto más profundo es, más probabilidades hay de que sigamos ese surco que ya fue creado cuando experimentemos una misma o parecida circunstancia.

La acción que nace de un *samskara* es como el agua, si pasa una y otra vez por el mismo lugar, con el tiempo crea un surco, y si el surco es lo suficientemente profundo, creará un río. Llegará un momento en el que el agua no tendrá otra opción que fluir por el surco que creó hace mucho tiempo. Por ejemplo, el río Colorado que fluye por el Gran Cañon no tiene más elección que seguir por esos surcos que fueron creados hace miles de años.

Con los años, nuestras acciones kármicas inconscientes y cómo reaccionamos a las circunstancias externas hacen que nuestras respuestas acaben siendo inconscientes y automáticas. Siguen surcos creados en nuestra infancia y, sin importar si nos resultan de ayuda o no, estos se harán más profundos cada vez que repitamos nuestra conducta. Como los ríos del Gran Cañon, en algún momento sentiremos que no tenemos más opción que comportarnos y responder siguiendo esos surcos kármicos establecidos.

Por ejemplo, en el *ashram* había una mujer que nos contó que creció en ausencia de su padre, quien tenía una vida social muy activa. Siendo pequeña, llegó a creer que no era lo suficientemente buena para merecer su atención. Con el tiempo creó un surco *samskárico*: la creencia de que, si ella hubiera sido mejor hija, seguramente su padre la hubiera preferido a ella antes que a sus amistades. Ya de adulta, en cada relación que tenía, su *samskara del abandono* se despertaba. Cuando su pareja elegía irse con los amigos, se sentía rechazada y no amada. Al no darse cuenta de lo que estaba pasando, reforzaba su *samskara* original y pensaba que no era amada lo suficiente, creando sufrimiento innecesario por la distorsión de la realidad.

Si revivimos los *samskaras* del pasado, no aceptaremos el momento presente tal y como es porque seguiremos viendo la realidad a través de sus lentes. Estas impresiones son tan profundas y sutiles que cada vez que una nueva situación parecida se presente nos veremos arrastrados a revivir la misma experiencia del pasado. Es probable que actuemos de forma irresponsable, y digamos y hagamos cosas que nos pueden sacar de nuestra paz interior. Luego nos arrepentiremos y nos sentiremos culpables. No nos sentiremos libres, porque seremos víctimas de los *samskaras* del pasado.

Pongamos otro ejemplo para tenerlo más claro aún: imaginemos que un joven tiene un dolor en el pecho y que su madre murió de un ataque al corazón. Es probable que salga corriendo al hospital con miedo de que le suceda lo mismo. Sin embargo, para ti puede significar algo distinto, si no has tenido ninguna asociación con ese dolor.

¿Te das cuenta de que las experiencias del pasado tienen una gran influencia en cómo respondes en el momento presente? Cuando no somos capaces de distinguir entre lo que es real y lo que no es real, vemos influenciadas negativamente nuestras relaciones porque respondemos de una forma inconsciente.

Con la memoria kármica y sus *samskaras activados*, podemos llegar a sentir sensaciones desafiantes, como si nos hubieran traicionado, de este modo el cuerpo y la mente responden con esas sensaciones y volvemos a experimentar el mismo dolor del pasado, pero en realidad no es un verdadero dolor. Es un «dolor fantasma», pues sabes que el hecho sucedió hace mucho tiempo. Por este motivo llegamos a sentir el mismo tipo de dolor, aunque las experiencias aparentemente sean distintas. Esta es la memoria kármica que recreamos en nosotros y es el ingrediente interno que hace que atraigamos al mismo tipo de personas y situaciones una y otra vez.

Desafortunadamente, cuando estamos atrapados en un surco kármico, no vemos otras opciones y nos limitamos sin darnos cuenta, pues no somos conscientes. Estamos atrapados porque nuestra percepción está nublada. Quizás te sientas mal y exhausto y llegues a pensar, por ejemplo, por qué siempre eres el único que hace las cosas en el trabajo o en casa. Confiar o delegar en otra persona las responsabilidades, ni siquiera se te ocurre. El problema no es que no seas capaz de delegar en otras personas, sino que estás atrapado en un surco muy profundo. Te sientes como un río que no tiene otra opción que seguir ese camino que se creó hace mucho tiempo, y esto hace que con el tiempo tu salud se deteriore.

Ahora, imagínate que te educaron para ser siempre una persona agradable y dices sí a todo. Esa tendencia kármica se hará con el tiempo más profunda y te limitará para expresar tu potencial. Quizás digas sí a todo por necesidad de aprobación y para sentirte apreciado o para evitar el conflicto y el rechazo. Llegará un momento en el que, cuando digas a tus amistades todas las cosas que haces y que en realidad no querrías hacer, quizás te digan: «¿Por qué eres tan inmaduro y no te haces responsable de tu vida?». Y tal vez respondas: «No puedo». Porque sabes que es una fuerza incontrolable y que has surcado ese camino durante mucho tiempo, pero te ves sin fuerzas para cambiarlo. Si has crecido en un hogar con esa creencia, es muy posible que hayas tenido dificultades para reconducir tus relaciones después de un conflicto. Quizás aprendiste que después de tener una discusión simplemente sigues tu camino como si no hubiera pasado nada.

Cuando empiezas a ser responsable de tu vida, es cuando tienes el coraje de mirar dentro y reconocer de qué «surco» nació esa forma de ser y hacer. Entonces podrás sentirte más cerca de aquella persona que recibió la respuesta *samskárica*. Cuando hay comprensión de dónde surgió, hay perdón, y entonces el surco empezará a perder fuerza.

Con el tiempo, aprendes a tener conversaciones que no son fáciles, pero sí necesarias para tener relaciones sanas, y así evitarás pasar página como si no hubiera ocurrido nada. Aunque las primeras veces notes que se activa de nuevo tu *samskara* y te sea difícil cambiar algo, no te critiques y detente. Observa y reconoce de dónde vino tu respuesta, ya que, de esta forma, aprenderás a perdonarte. No es culpa tuya que tengas surcos que te hacen responder de forma irresponsable; con el tiempo y la repetición de tus respuestas conscientes, esos *samskaras* perderán poder.

Cuando aprendemos a reconocer nuestros surcos del pasado, nos hacemos responsables. Hasta puedes llegar a decirte: «La próxima vez, cuando me sienta irritable o cansado, me tomaré un descanso para volver a mi centro de bienestar y de este modo seré más consciente de aquello a lo que no he prestado atención en mí, para evitar que salga de forma reactiva contra mí y los demás».

Por lo tanto, aprender a reconocer es una forma de empezar a crear nuevos surcos, sobre la base de ser consciente. Todos hacemos daño a las personas a lo largo de la vida, y eso es parte del ser humano, pero recuerda que lo estás haciendo lo mejor posible. Redirige tus pensamientos si entras en un *bucle kármico adictivo* que te conduce a sentirte mal sobre el daño causado. Perdónate por todo aquello que hiciste desde tus *samskaras*. Te puedes decir: «Me perdono por haber vivido todo este tiempo en modo inconsciente. Me perdono por haber utilizado a la gente y por otras formas destructivas de comportamiento. Me perdono por permitir que aquello que vivencié con mi madre y mi padre tome protagonismo en cada relación que he tenido, evitando ser responsable y culpando a los demás. Me perdono por haber tenido el pasado que he tenido. Ahora, siendo responsable de mi vida, nacerá una mejor versión de mí mismo».

Cuando comprendemos el poder de los *samskaras*, comprendemos aquello que nos ha llevado a no ser responsables con nosotros mismos y con los demás. Ser responsable no quiere decir defender nuestra opinión y nuestras creencias, como si fuera una imposición. Tampoco quiere decir ser siempre amable o estar de acuerdo con los demás en todo lo que digan y hagan. Ser responsable consiste en identificar y expresar lo que necesitamos y lo que no necesitamos, al ser conscientes de los surcos *samskáricos* del pasado, pero sin olvidarnos de las necesidades y los deseos de los demás, teniendo en cuenta qué piensan y sienten. Pero para ello es fundamental que aprendamos a establecer *límites* a la hora de responder conscientemente en cada situación.

La psicología occidental asegura que los límites son los que nos mantienen en un equilibrio interior y, por ello, nos hacen más responsables en nuestra vida.

Al poner límites, creamos un espacio donde nos sentimos física, mental y emocionalmente protegidos y seguros. Es un refugio donde nada ni nadie activará nuestros *samskaras* del pasado con sus comentarios, comportamientos o sus necesidades. Cuando ponemos límites, descubrimos que es nuestra forma de atender amablemente a los surcos *samskáricos* del pasado para no permitir que pasen a la acción. Pero también descubrimos que al hacerlo estamos creando nuevos surcos.

Si, por ejemplo, nos piden ayuda, pero no tenemos tiempo y nos sentimos cansados en ese momento, el miedo a que se pueda deteriorar la relación será un factor determinante que nos empuje a ayudar. Sin embargo, sabemos que lo que realmente necesitamos es descansar. El *samskara del miedo al rechazo* de alguna experiencia del pasado se activará porque no pusimos un límite siendo conscientes de ese surco.

Cuando la mente condicionada está preocupada, la seguimos y la alimentamos. Cuando quiere estar obsesionada por alguien o por algo, actuamos desde esa obsesión. Cuando la mente quiere comer chocolate o cafeína, obedecemos a ese impulso y no somos responsables de nuestra salud física o emocional. Muchos de nosotros no nos damos cuenta de que la voz de la mente es solo una voz. Pero no es lo que somos, y no tenemos la obligación de actuar desde lo que dice esa voz, que fue creada por los *samskaras* del pasado. Hemos crecido con la creencia de que tenemos que ayudar a los demás, aunque nos cueste nuestra propia salud y bienestar. Quizás hemos llegado a decir a nuestros seres queridos: «Cualquier cosa que necesites, estoy aquí para ti. Si necesitas algo, puedes contar conmigo. No te decepcionaré, porque te amo y eres lo más importante en mi vida».

Lo cierto es que, en ese momento, priorizamos las necesidades de los demás sobre las nuestras y nos sentimos culpables si decimos no a la petición de otra persona. La culpa nos trae pensamientos del tipo: «Si no lo hago, soy una mala persona» o «Soy un egoísta». Estos pensamientos de la voz crítica suelen ser exagerados. Evidentemente no somos personas irresponsables por hacer nuestros planes y decir no a lo que nos piden o por priorizar nuestros intereses. Aunque pudimos llegar a reconocer aquello que realmente necesitamos, como descansar, no fuimos los suficientemente conscientes del *samskara* que se activó.

Cuando sabes cómo observar los pensamientos creados por la memoria kármica, aprendes a desapegarte de ellos y reviertes el poder de relación entre tú y esa memoria, que controla la mente y que siempre nos guía para hacer lo que ella quiere de forma irresponsable. Al desarrollar más consciencia gracias a las prácticas meditativas yóguicas, empiezas a estar más en armonía y en equilibrio. Es similar a domesticar un perro; si le enseñamos cuáles son sus límites, se mantendrá calmado y se sentirá seguro, pero si no lo hacemos, actuará de forma instintiva y nerviosa.

¿Cuántas veces dejamos de cuidarnos por ayudar a los demás? Cuando indagamos conscientemente en nuestro interior antes de responder a esa pregunta, podemos discernir si hay un *samskara* activo o no. Esta práctica es conocida en la tradición del Yoga como *atma vichara*. Para saber cuándo, cómo y de qué forma poner límites, se requiere de un buen conocimiento de uno mismo, pues es tu manera de atender tus propias necesidades. Consiste en que seas consciente en cada momento de lo que realmente quieres y de lo que realmente necesitas, sin la influencia *samskárica*. Pregúntate en cada situación que se presenta con los demás: ¿qué quiero?, ¿qué necesito?, ¿qué me hace sentir cómodo en esta situación?

Cuando aprendas a poner límites, te permitirás responder conscientemente y serás responsable de la mejor forma en cada situación. Te respetarás más a ti mismo y curiosamente eso hará que los demás te respeten, porque el grado de responsabilidad que tengas contigo y con los otros es el grado de amor propio que tú tienes. Si pones límites, te respetas, y si te respetas, es porque te amas. Estás siendo responsable al cuidarte, y no hay cosa más bella que ser testigo de cómo una persona se cuida.

Cuando establezcas límites saludables, tu autoestima aumentará considerablemente. Te sentirás seguro y confiado sobre aquello que quieres y que no quieres, pues serás responsable con integridad de aquello que permites y no permites. Simplemente por el hecho de crear límites sanos, te sentirás mejor contigo mismo y perderás el miedo a mostrarte tal como eres. Soltarás la tensión acumulada por el miedo al qué dirán y por estar en constante alerta por si algo o alguien puede pensar algo malo sobre ti. Al poner límites, con el tiempo, te sentirás libre de poder expresar tus necesidades independientemente de cómo se lo tomen los demás, sin sentir culpa por no hacer lo que los otros esperan que hagas y dejar de comportarte de una forma alejada de lo que es realmente bueno para ti.

Si consigues decir no, dejarás de sentirte obligado a hacer lo que los otros quieren y necesitan. Te relacionarás de forma equilibrada, sin descompensación entre dar y recibir, sin desigualdad en cuanto a lo que cada uno aporta en las relaciones de familia, trabajo y amistad. Podrás relacionarte tal como quieres que se comuniquen contigo, y esto te traerá mucha satisfacción personal. La frustración y el estrés fruto de la ausencia de límites dejarán de estar presentes en tus relaciones. Si a los niños se les dice que hagan lo que quieran, se convierten en muy inseguros, pues quieren saber dónde están sus límites y quieren sentirse responsables. Poniéndoles límites se les da un sentido de seguridad para que, desde ese espacio, puedan crecer sanamente.

Si consigues establecer límites en ti, te será más fácil honrar y respetar los límites de los demás, porque sabes lo importante que es respetarse. Reinará la responsabilidad y el respeto se palpará, y ninguno se sentirá invadido por el otro. *Si eres responsable, pero pones límites* te fortaleces y crearás una vida llena de bienestar personal, porque sabrás identificar y delimitar claramente tus propias necesidades y ello te hará sentir bien y auténtico con tus elecciones, generando así un sentido de responsabilidad en la vida. Justo como esta bella historia nativa americana:

Un viejo jefe de una tribu estaba teniendo una charla con sus nietos acerca del amor propio. Les decía:

–Una vieja pelea entre dos lobos está ocurriendo dentro de mí. Uno de los lobos es temor, ira, envidia, rencor, culpa, inferioridad y mentiras. El otro lobo es bondad, alegría, paz, esperanza, serenidad, humildad y empatía. Esta misma pelea está ocurriendo continuamente dentro de vosotros y dentro de todos los seres de la tierra.

Los jóvenes nietos se quedaron pensativos, y uno de ellos preguntó:

–¿Cuál de los lobos ganará?

Y el viejo jefe respondió simplemente:

–El que elijas alimentar.

La vida, vivida desde la consciencia, creará en ti un espacio interior cada vez más grande, revirtiendo la relación de la consciencia y la mente, haciendo que esta sea más saludable. Entonces responderemos de forma consciente a cada situación que se presente.

*Sé responsable, pero pon límites.* Recuerda este nuevo *Purushartha, Artha.* Anótalo en cualquier sitio para que puedas recordar esta Segunda Arte yóguica ancestral cuando estés en el trabajo, con la familia, con las amistades o siempre que lo necesites. Al recordarlo, en esencia te dirás: «Me amo». Dejarás de temer lo que piensen o digan los demás. Dirás sí o no cuando lo sientas y crearás un refugio en tu interior.

Cuando conviertas *Artha* en un hábito cotidiano, te darás cuenta de la importancia de llevar a la práctica el *ser responsable, pero poniendo límites.* Te ayudará a ser más honesto y dejarás de hacer esas cosas que sabes que no te hacen bien. Y aunque haya momentos oscuros, donde no has sido lo suficientemente consciente y has actuado de forma irresponsable, dejarás de criticarte y de sentirte culpable. Sabrás perdonarte y volverás a tu paz interior; la próxima vez, serás más consciente y sabrás responder mejor al poner límites. Cuando lo experimentes, llegará un día en que ningún *samskara* te volverá a perturbar. Te sentirás libre y feliz al no seguir ningún obstáculo kármico que aparezca en tu camino.

# 4. La Tercera Arte: *Kama*
## *Regula tu cuerpo*

La Tercera Arte, *Kama*, es la práctica de *regular nuestro cuerpo*. Hoy en día, nuestro estilo de vida es frenético y no tenemos tiempo para hacer pausas o detenernos. Vivimos para sobrevivir y todo nos parece una amenaza, por eso nos sentimos inseguros y sin conexión con nosotros mismos y con los demás. Esta es la causa de que *hagamos más* por miedo a que no sea suficiente y a sentirnos en falta buscando nuevas experiencias. Sin embargo, al hacer *más* en realidad conseguimos *menos*, porque nuestro cuerpo está siempre cansado, sin energía, con lo cual nos sentiremos *más sensibles* y sin fuerzas para atender a los *samskaras* de nuestro interior.

Según la visión del Yoga, el motivo principal de que vivamos así es porque tenemos un sistema nervioso desregulado a causa de la mala gestión de nuestra energía *pránica* en el cuerpo. Sabemos que el sistema nervioso es una red que interconecta, dirige y controla todas las funciones y actividades corporales y que sin él no podríamos sobrevivir y procesar los distintos y constantes estímulos externos que recibimos. Sin embargo, vivir con un sistema nervioso desregulado hará que suframos mucho y que nuestra salud se debilite. Si está desregulado, se activarán con mayor facilidad nuestros *samskaras* y, por lo tanto, nos será más difícil ser conscientes para poder responder poniendo límites.

Ahora veremos un ejemplo para comprender qué sucede cuando estamos desregulados y sin conexión con nuestro cuerpo. Imagina que, mientras estás leyendo estas palabras, tu sistema nervioso está alterado. Seguramente, te costará mantener la concentración y retener la información, pero si estuviera regulado, podrías descifrar y comprender las palabras que lees, controlar el movimiento de los ojos y las manos, además de estar concentrado en la lectura. Aunque no seas consciente de ello, estar regulado te permite incluso respirar en calma y estar relajado. Entonces, para comprender cómo podemos pasar de un cuerpo desregulado a uno regulado, es importante comprender primero cómo funciona la energía del cuerpo desde la visión yóguica, pues así sabrás cuándo estás desregulado y cuándo es el momento de regularte.

La tradición del Yoga nos dice que todo en nuestro cuerpo, tanto como en el Universo, es comprendido como energía. Las principales cualidades energéticas del cuerpo que determinan nuestra regulación se denominan *gunas*, que significa «lo que une». El primer *guna* es *sattva*. Cuando desarrollamos una energía *sáttvica*, nos brinda más consciencia y equilibrio interno, nos ofrece seguridad interior y conexión con uno mismo y con los demás. Si te das cuenta, tu rostro brilla más y está radiante cuando te sientes en calma y alegre, porque hay más energía en la cabeza. Cuando cultivamos esa energía, también *sattvificamos* nuestro corazón, pues lo liberamos de las capas energéticas endurecidas creadas por la memoria kármica y sus *samskaras*, haciendo que los surcos se debiliten.

El segundo *guna* es *rajas*. La energía *rajásica* hace que seamos reactivos y nos identifiquemos más fácilmente con los *samskaras* del pasado. Nos sentimos inseguros y percibimos a los demás como una amenaza, respondiendo a los estímulos en modo supervivencia. Por este motivo, nos llevamos las manos al pecho cuando sentimos tristeza o dolor emocional y, cuando hablamos de alguna experiencia dolorosa, nuestra voz se corta y sentimos un nudo en la garganta. *Rajas* es la energía del estrés crónico y de la ansiedad.

El tercer *guna* es *tamas*. La energía *tamásica* está vinculada a que nos sintamos aletargados y no tengamos energía para afrontar el día. Cuando nuestra energía es *tamásica*, nos sentimos aislados y desconectados de la vida, perdemos la ilusión por vivir y nos deprimimos. *Tamas* está relacionada con nuestras emociones primarias, que viven en la zona de la pelvis, como el miedo. También hace que nuestro cuerpo esté rígido y quizás que tengamos un exceso de grasa protectora.

Hoy en día, en la psicología psicocorporal ya se confirma que los traumas que no fueron procesados en el pasado viven en nuestro cuerpo. Pero, según las enseñanzas del Yoga, al li-

berar la energía corporal estancada conseguimos tres benefi-
cios: *el sistema nervioso se regula, nuestra memoria kármica
se limpia* y *somos más consciencia.* Cuanta más energía liberamos, más nos instalamos en el momento presente, porque
los *samskaras* que entraron en nuestro cuerpo se almacenaron
como memoria en el sistema nervioso y, si lo regulamos, estamos también liberando esas memorias kármicas que no fueron
procesadas. Sentimos cómo se deshace la tensión acumulada,
nos sentimos más ligeros y presentes, ya que nos quitamos
el peso kármico de encima y en ese momento ya no nos pesan los hombros. De este modo, limpiamos aquello que fre-
na nuestro crecimiento hacia una vida *más* consciente y plena
con una mayor claridad y paz interior en nosotros.

La energía de los *gunas* tiene una estrecha relación con el
nervio vago, que es el más importante para volver a nuestra
regulación en el cuerpo. Este nervio es el más largo de los ner-
vios craneales y controla el sistema nervioso parasimpático
encargado de la relajación y, por lo tanto, de nuestra regulación. Esto se da así porque las emociones son energía y aquellas vinculadas a los *samskaras* del pasado son energía atrapada. Si la liberamos, mejoramos nuestro *tono vagal* y, por lo
tanto, mejoramos nuestra *regulación corporal.*

Conocer cómo se desarrolló el nervio vago en relación con
nuestros tres cerebros es importante porque nos permitirá saber mejor qué parte de este nervio nos conduce a la desregulación, ya que está estrechamente relacionada con cada uno de
los tres cerebros y con cada una de las energías de los *gunas.*

A lo largo de la evolución de la especie humana, hubo tres saltos de desarrollo del sistema nervioso junto con el nervio vago y aparecieron en correlación evolutiva con los tres cerebros que hemos desarrollado a lo largo de los milenios. Hace unos quinientos millones de años se creó en nuestro cuerpo el vagal dorsal, que es la parte del nervio vago relacionada con nuestra capacidad de desconexión para sobrevivir. El vagal dorsal se desarrolló junto con el cerebro reptiliano, que es el cerebro más antiguo y se encarga de todas las funciones del cuerpo de las que no somos conscientes, desde la respiración hasta la presión sanguínea. Hace unos cuatrocientos millones de años se creó el sistema nervioso simpático, nuestra capacidad de activación y supervivencia para luchar o huir ante un peligro, y está relacionado con el cerebro límbico, que compartimos con los demás mamíferos y es la sede principal de nuestras emociones. Este cerebro tiene cuatro programas fundamentales: miedo, alimentación, lucha y reproducción. Por último, hace unos doscientos millones de años se creó el vagal ventral, la parte del nervio vago relacionada con nuestra capacidad de conexión y seguridad y con el cerebro neocórtex, que es el cerebro racional y creativo.

Como hemos visto, el vagal ventral es el más reciente de los tres, y según las enseñanzas del Yoga están relacionados con la energía *sáttvica*. Cuando nos sentimos regulados, estamos en el vagal ventral. Nos comunicamos con los demás, somos más conscientes y felices tanto estando solos como acompañados. Los percances del día a día no nos parecen tan graves, tampoco los comentarios de otras personas. Dejamos de reaccionar y de enfadarnos, tenemos una mayor capacidad de relacionarnos en forma más sana desde el cerebro neocórtex. Pero si estamos en modo sistema nervioso simpático, con energía *rajásica*, filtraremos nuestras experiencias cotidianas como amenazantes. Actuaremos de forma instintiva y emocional, desde los cerebros reptiliano y límbico, y si permanecemos mucho tiempo en el modo simpático, de lucha o huida, será cuestión de tiempo que bajemos al modo *vagal dorsal*, porque tendremos energía *tamásica*.

Por ejemplo, se ha comprobado que los veteranos de Vietnam al volver a sus casas seguían sintiendo inseguridad y desconexión. Haciendo que los *samskaras de guerra*, las experiencias horribles que vivieron, se despertasen fácilmente ante cualquier ruido de la calle. Esos *samskaras* les impedían volver a su vida anterior con sus familias y amistades. Con el sistema nervioso desregulado, revivían lo que habían experimentado y se manifestaba una desconexión emocional con sus seres queridos, no solo no los reconocían, sino que estaban muy irritables o muy bajos de energía. Muchos sentían un dolor punzante en el pecho. En sus vidas cotidianas, al estar siempre en sistema nervioso simpático, sus cuerpos estaban en modo *rajásico*. Es decir, en alerta para luchar o huir ante situaciones insignificantes. También se observó cómo con el tiempo, dado que sus cuerpos no podían mantener ese gasto de energía de estar en alerta, pasaban al *vagal dorsal*, a una energía *tamásica* y se desconectaban o se aislaban con alcohol o drogas. Sus cuerpos buscaban dejar de sentir esos *samskaras de guerra*, así que muchos cayeron en una depresión profunda y algunos se suicidaron, porque eran constantes los *flashbacks* y las pesadillas sobre la guerra. Para sobrevivir, aprendieron inconscientemente a desconectarse del cuerpo, a disociarse de él para no sentir y poder evadirse de las emociones dolorosas. Entonces pasaban fácilmente de la energía *rajásica* a la energía *tamásica*, pues afuera el peligro había pasado, pero no para sus cuerpos. En la cotidianidad, revivían la ansiedad ante el peligro por estímulos insignificantes.

Hay un sistema en nuestro cerebro que es como un detector de humo: la amígdala. Es del tamaño de una almendra y, al activarse, queda encendida, aunque el evento traumático haya pasado. La memoria kármica no liberada y descargada del cuerpo produce un comportamiento de repetición compulsiva, desarrollando a largo plazo un trastorno de estrés postraumático. Esto sucede porque el organismo continúa buscando una descarga por el sobreestímulo que vivió, así que el cerebro reproduce inconscientemente a través del cuerpo situaciones parecidas al trauma original. Si el *samskara* es una experiencia traumática de abandono en la niñez, la persona buscará reproducir las experiencias de abandono cuando sea adulta. Si el *samskara* es una experiencia traumática de traición en la niñez, reproducirá las experiencias de traición.

A menudo, cuando se dispara algún *samskara* relacionado con alguna experiencia traumática del pasado, como el *samskara del abandono* o *el samskara de algún abuso* sufrido, es fácil que nuestra energía *sáttvica* se disperse y se convierta en energía *rajásica*. Salimos del sistema vagal ventral y entramos en el sistema simpático. Se despierta en el cuerpo la reacción de lucha o huida ante amenazas que en realidad no lo son, pues vemos amenazas ilusorias por todos lados. Se acelera la sangre y va a las extremidades, preparándonos para correr con la energía *rajásica*. Para el cuerpo, es una respuesta de supervivencia, pero si la situación es muy angustiante y continuada en el tiempo, se activa inconscientemente la respuesta más primitiva: el vagal dorsal, y entramos en una energía *tamásica*. Como ya no queremos sentir, nos quedamos congelados y paralizados, dejamos de sentir la vida. Es como si nos hiciéramos el muerto, tal como hace un ciervo ante el ataque de un león, para no sentir nada hasta que la amenaza desaparezca. Este proceso es el que ha hecho que la especie humana se haga más fuerte y pueda sobrevivir. Si no tuviéramos este natural instinto evolutivo de supervivencia, ya hubiéramos desaparecido como especie.

Las investigaciones científicas nos confirman que después de dos meses de practicar Yoga desarrollamos más células nerviosas y neuronas, lo que comúnmente se conoce como materia gris. Por ese motivo, *sirsasana*, la postura sobre la cabeza, es considerada en la tradición la reina de las posturas. Además, desde la perspectiva del Yoga también sabemos que aumenta el flujo de energía. Este principio está presente en la medicina oriental con prácticas como la acupuntura o el *reiki*, que favorecen que la energía *chi*, el *prana*, fluya libremente para que haga sus funciones de regulación en el cuerpo. Probablemente, después de un masaje habrás notado que un mayor flujo de energía te genera más calma y quietud mental y vuelves a tu regulación. Esto ocurre porque la presión ejercida durante el masaje ha liberado la energía en tensión que estaba atrapada como memoria kármica, haciendo que el sistema nervioso parasimpático vuelva al estado vagal ventral y generando más *energía sáttvica* para facilitar la relajación y la recuperación del equilibrio en nuestra vida diaria.

Hay una historia sobre un joven y su caballo que demuestra este principio de regulación del cuerpo sobre la base de la liberación energética. En esta historia, el caballo representa la energía en nuestro cuerpo y el joven que cabalga representa nuestra mente, influenciada por su memoria kármica:

Un día, un joven decidió tomar su caballo para cabalgar en una ladera amplia y espaciosa. Juntos cubrieron muchos kilómetros, cruzando riachuelos y pasando por bosques. Llegó un momento en el que el joven tenía mucho calor y quiso volver, pero se dio cuenta de que no sabía dónde estaba ni cómo había llegado allí. Por unos momentos, exploró la zona intentando encontrar un camino de vuelta a casa o alguna pista. Finalmente, se dio cuenta de que estaba perdido y se rindió. Cansado, se quedó dormido en el lomo del caballo. El caballo esperó un tiempo para recibir instrucciones del joven, pero al ver que esto no ocurría, como su esencia era caminar y moverse, se sintió libre y empezó a caminar despacio hasta que volvió a casa con el joven. Al despertarse el muchacho tuvo una gran comprensión sobre la naturaleza de no controlar y de permitir que la sabiduría haga lo que tenga que hacer.

Cuando soltamos el control mental y volvemos al cuerpo y conectamos con su inteligencia *pránica*, regresamos a nuestra casa interior. A este proceso lo llamamos integración, pues la energía liberada se reintegra de forma inteligente haciendo que el sistema nervioso se regule y los condicionamientos kármicos se liberen. Hay varias experiencias energéticas que indican que el *prana* está llevando a cabo funciones de integración en el cuerpo; estas son hormigueo, temblor, balanceo, espontáneas sacudidas, calor o frío intenso.

La tradición del Yoga nos indica que *brahma nadi* está fluyendo. El nombre proviene del sánscrito dios, *Brahma* y *nadi*, que significa «canal energético», la parte de la red de vías a través de las que viaja la energía *pránica* en el cuerpo. El *brahma nadi* es un canal energético que, al ser despertado, abre «la puerta a *Brahma*». Con ella se despierta la gran energía *sáttvica*, conocida como la energía kundalini. De este modo, los canales energéticos se llenan de energía, revitalizando todo el cuerpo y, al mismo tiempo, deshaciendo los bloqueos energéticos creados por los *samskaras* que encuentra en su camino, y volvemos a nuestra regulación.

A lo largo de los años he sido testigo de cómo los practicantes de Yoga, al liberar la energía *pránica* atrapada en sus cuerpos, se regulan eficazmente. En muchos casos, hace que se reduzca de forma notable el dolor emocional, la depresión, la ansiedad o el insomnio y, en algunos casos pueden dejar de tomar por completo la medicación. En el *ashram*, he sido testigo de cómo veteranos de guerra se han recuperado gracias a la práctica de Yoga. Liberaron bloqueos emocionales no resueltos en sus cuerpos, creados por *samskaras* del pasado.

Para comprenderlo mejor, imagina que tu cuerpo es un tubo a través del que pasa toda una constelación de emociones a lo largo de tus días. Si permitimos que fluyan, podrán salir del cuerpo, pues este sabe cómo regularse a sí mismo, al igual que el río que encuentra su salida al mar si se le permite. Pero si no nos permitimos sentir las emociones, estas se quedarán atascadas en el cuerpo y solo será cuestión de tiempo que nos lleven a la desregularización y suframos.

Las pautas energéticas que permitimos que pasen cambian de persona a persona. Quizás una persona nacida en España o en Italia esté confortable con la constelación de energías de enfado y confrontación, al contrario que una persona que creció en una familia asiática, donde estas emociones no se expresan. Si experimentamos emociones intensas, pero tenemos miedo a sentirlas porque la sensación es muy fuerte, se quedarán como energía atrapada en nuestro cuerpo. Si un niño abrumado por una experiencia energéticamente intensa no la puede sentir en ese momento, cuando sea adulto, esa energía intensa atrapada buscará una salida no saludable. Tal vez se enferme o reaccione de forma exagerada sin saber de dónde le viene esa intensidad. Mientras que a la energía de esa experiencia *samskárica* creada en la infancia no se le permita la expresión, es decir, que pase a través del cuerpo y que sea liberada, estará durante muchos años obstruyendo su vida. Esa persona se sentirá perdida y confusa y no sabrá qué camino tomar en su vida, porque estará constantemente desregulada.

Hagamos otra analogía para comprender mejor la importancia de liberar la energía. Imaginemos que nuestro proceso de dejar ir la memoria kármica es similar a la experiencia de ducharnos por primera vez. Podríamos llegar a pensar que el agua sucia que cae no es de nuestro cuerpo, sino de la misma ducha, como si nos estuviera ensuciando. Ves en la bañera toda esa suciedad que se va por el desagüe e imagínate que te dices: «Si esta ducha está creando esta suciedad, no me ducharé de nuevo, pues las duchas no son buenas para mí, ya que no quiero ver esta suciedad». Sin embargo, sabemos que la ducha no ha creado la suciedad, simplemente está quitando lo que estaba en nuestro cuerpo, pero hasta ese momento no éramos conscientes de ello. Si liberas la energía atrapada en tu cuerpo, se irá, porque simplemente permitirás que se vaya. El proceso de la ducha interna te está mostrando lo que se ha revelado y liberado. Todo lo que necesitas es relajarte, dar un paso atrás y permitir que pase a través de tu cuerpo todo lo que tenga que salir, ya sea con llanto, sensaciones intensas, sudoración o dolor emocional.

Siempre pensamos que las circunstancias intensas del pasado son las que han bloqueado nuestra vida y hacen que nos sintamos estancados y sin saber qué dirección tomar. Pero en realidad no son las circunstancias *kármicas* del pasado y sus energías asociadas las que crean nuestros bloqueos, sino más bien nuestra resistencia a sentirlas y a que pasen a través de nosotros. Cuando la energía es abrumadora, insegura y molesta, no queremos sentirla, nos resistimos y la esquivamos. Sin embargo, cuando se lo permitimos, fluye hacia dentro, a través y hacia fuera. De este modo, nos liberamos y regulamos nuestro cuerpo.

Veamos un ejemplo: imagínate que de pequeño te mordió un perro, así que de adulto evitarás acercarte a ningún perro, porque se activará la alarma de la amígdala vinculada a ese *samskara* de la mordedura de perro. El cuerpo, a través de la amígdala, quiere mantenernos a salvo, ya que es la forma compasiva de nuestro sistema biológico para que sobrevivamos y no nos expongamos a las mismas experiencias peligrosas. Sin embargo, si vuelves a tu regulación energética y del sistema nervioso, es posible que mantengas la calma y que te permitas sentir esa energía abrumadora, que se puede disolver sin que reacciones. Entonces volverás a tu estado de seguridad y conexión y dejarás de sentir miedo al acercarte a un perro.

Otro ejemplo: quizás si sientes sensaciones intensas en ciertas posturas de Yoga, se puede disparar en tu cuerpo el mecanismo de defensa del sistema nervioso simpático y evitarás esa postura. A esto yo lo llamo evasión del *asana*, que consiste en bloquear el fluir energético en esas posturas incómodas como mecanismo de supervivencia, y puede que entonces busques una distracción con posturas que te hacen sentir bien, así como con la comida, el ocio o la televisión. El caso es no sentir esa memoria energética. No nos damos cuenta de que estamos haciendo todo lo posible para no permitir que la energía sea sentida y fluya a través de nosotros; es como si pusiéramos un muro de una gran presa dentro de nuestro cuerpo para impedir el paso de la energía. Debemos comprender que la energía no se bloquea a sí misma, sino que somos nosotros los que la bloqueamos porque no queremos sentir su intensidad.

Ahora, comprendamos las formas de regular nuestro cuerpo, basándonos en la liberación de la energía atrapada, para poder, de esta forma, desarrollar un estado de regulación vagal ventral y energía *sáttvica*.

Según numerosas investigaciones, se ha descubierto que el frío extremo, como sumergirse en hielo, o las altas temperaturas, como las de una sauna, hacen que la energía en nuestro cuerpo fluya más y mejor. Al principio, se incrementa la actividad simpática, y una vez que se está aclimatado al frío o al calor, la actividad parasimpática está más presente. También, cuando desarrollamos la consciencia del cuerpo, liberamos la energía atrapada. Si mantenemos una postura no consciente, con la cabeza adelantada o el pecho hacia dentro, se bloqueará el libre flujo energético del cuerpo y disminuirán las probabilidades de enviar señales al cerebro para desregular nuestro sistema nervioso. Con la práctica de *asanas*, al movilizarse el pecho y el abdomen, justo donde viaja el nervio vago, el movimiento lento y consciente incrementa los neurotransmisores, mejorando el tono vagal del cuerpo, lo que nos permite regularnos. Por ejemplo, andar, bailar o cualquier otro movimiento corporal libera energías atrapadas; cultivar un cuerpo consciente es clave para regularnos.

*Según el ayurveda, hay varios puntos energéticos*, conocidos como puntos *marma*, que, al liberarse, hacen que nos regulemos. Presionar la zona prefrontal de la cabeza, la frente, la parte inferior y superior de los labios, así como la parte superior e inferior de las orejas y masajear el cuello por delante y por detrás es altamente liberador. También puede ayudarnos el automasaje conocido como *abhyanga* con algún aceite esencial ayurvédico, ya que es clave para crear más flujo energético y mejorar nuestro tono vagal. Asimismo, sonreír y reír resulta muy eficaz para estimular la energía atrapada, sentirla y ayudarla a que pase a través de nuestro cuerpo. Se ha comprobado que sonreír influye en nuestro cerebro de forma positiva y que reírse descarga tensiones energéticas en la zona del abdomen, y reírse con lágrimas nos ayuda mucho a regularnos.

*Muchas prácticas yóguicas están enfocadas a cantar* y a hacer zumbidos porque ambas cosas nos ayudan a liberar la energía atrapada. Nuestras cuerdas vocales y los músculos que están detrás de nuestra garganta están conectados a emociones no procesadas. Deshacer los nudos *samskáricos* en la garganta nos permite hablar con claridad y comunicarnos con honestidad y firmeza. Por este motivo, al cantar mantras creamos una vibración que rompe ese bloqueo energético y puede provocar nuestras lágrimas. Si esto ocurre, es que algo se ha liberado y nos ayudará a regularnos.

*El planeta tierra está cargado de prana*, así que, si tomamos contacto con la naturaleza, nos regulamos. Esto es conocido en inglés como *earthing*. Tomar tierra es un enraizamiento electromagnético que hace que fluya más energía por nuestro cuerpo y libere los bloqueos que encuentra en su camino. Cuanta más agua fluye, más se aclaran las aguas turbias. Al mismo tiempo, recargamos el cuerpo de energía, mejorando las funciones del sistema nervioso y el nervio vago. Por ello, cuando lo sientas o lo necesites, camina descalzo en la naturaleza. Pasa más tiempo en espacios verdes, abraza árboles, recibe los rayos del sol al amanecer y al atardecer, porque en esas horas hay más *prana*. Incluso es muy regulador escuchar el goteo de la lluvia y oler la tierra mojada.

*La dieta yóguica es altamente reguladora*, pues tiene como base alimentos *sáttvicos*: las frutas y verduras frescas, la mayoría de los cereales integrales, las legumbres y los frutos secos. La forma en que se comen también es importante. Por ejemplo, si se comen cocidos, crudos o si se cocinan agregando picante pueden desregularnos. Generalmente, las salsas tienen una energía *rajásica* que puede alterar el sistema nervioso. Un vegetal puede tener todas las propiedades *sáttvicas*, pero si se come crudo, puede convertirse en *rajásico*, y si se fríe, tendrá las cualidades *tamásicas*. Muchas frutas también son *sáttvicas*, pero depende de nuestro cuerpo que las digiera bien, por eso es bueno escucharlo y sentirlo. Además, es muy importante que los alimentos que ingieras sean frescos, orgánicos y no modificados genéticamente, y que no hayan entrado en contacto con químicos en el proceso de cultivo y entrega. También son importantes las infusiones ayurvédicas y los aceites esenciales para volver a nuestro estado *sáttvico* de regulación. Nos proporcionan efectos calmantes, facilitan la concentración, despejan nuestra mente y equilibran las emociones. Todo ello nos regula.

*La meditación yóguica* nos ayuda a liberar nuestra energía atrapada. Si la meditación incluye prácticas de respiración, *pranayama*, permitirá que nuestro cuerpo sacuda, vibre y estimule el libre flujo de la energía. Cuando meditas, sueltas el control y bajan las resistencias a sentir lo que te toca sentir. Se ha comprobado que con la práctica diaria cambiamos todas las estructuras profundas del cerebro y el sistema nervioso se equilibra llevándonos a la regulación.

*Relacionarnos con los demás es clave en nuestro camino de regulación.* Tendemos a pensar que tenemos que regularnos solos, pero hemos sido diseñados biológicamente para sentirnos bien en los brazos del otro. Recibir el cariño de otra persona, como puede ser nuestra pareja, y cultivar una sexualidad sagrada nos regula. Pero si la pareja no está regulada, quizá su presencia crea el efecto opuesto en nosotros. Por ejemplo, pasear en silencio con la pareja o charlar tranquilamente nos regula, incluso los animales, como un perro, un gato o un caballo, son altamente reguladores. Si nos sentimos desregulados, con solo abrazar a un perro volvemos eficazmente a la regulación. Por este motivo, se llevan perros *reguladores* a los niños enfermos de cáncer en los hospitales. Pero si por ejemplo tienes un perro que no siempre está regulado y está nervioso, es muy posible que te busque para regularse, quizá con una acaricia o un abrazo. Si lo haces, os estaréis regulando los dos, y a esto lo llamamos corregulación.

*Los linajes de Yoga se han sostenido a lo largo de los siglos* gracias a la *sangha*, a la comunidad espiritual. La *sangha* es la comunidad en la que no solo se realizan rituales y se práctica Yoga o se come juntos, sino donde también podemos tener conversaciones profundas, conectar e investigar la realidad con corazón abierto y de forma segura sin sentirnos juzgados. Habrá momentos donde el grupo se unirá en *satsanga*, también conocido como el *círculo de fuego sagrado*. Nos sentimos seguros y podemos abrirnos a ser vulnerables. Nuestras defensas kármicas bajan y, en compañía de los demás, nos permitimos sentir y procesar experiencias *samskáricas*. En esencia, te corregulas con los demás porque estás recibiendo una energía del grupo que te acompaña y te da permiso para sentir y soltar.

Cuando este acompañamiento energético no está presente en nuestro círculo, no es una verdadera *sangha*, y por este motivo se dice en la tradición que *Kama* no está en presente en el grupo. En lugar de regularte, el grupo puede desregularte, porque alimentan tu memoria kármica o la alteran con juicios o con una confrontación que malgasta la energía de todos los presentes. Distinto es compartir con corazón abierto y sincero nuestras existencias, haciendo que nuestro cuerpo se relaje y se libere.

En una *sangha* de Yoga se baila juntos, se canta juntos, se cocina juntos o se ve con los otros una película inspiradora. Te estás regulando con la energía de los demás y ellos se regulan con tu energía. Como una madre y su hija que acoplan sus corazones al mirarse a los ojos. Tus amistades correguladoras se convierten en compañeros y compañeras que fortalecerán tu nueva vida más allá del *Velo de Maya*.

En una ocasión, residió en el *ashram* un joven que creció en una casa muy insegura y durante su estancia aprendió técnicas de regulación corporal para mantenerse en su equilibrio *sáttvico vagal ventral* una vez que volviera a la ciudad donde vivía. Estas técnicas consistían en empezar el día meditando y centrándose en las sensaciones, en realizar algunas *asanas* suaves y algunas prácticas de respiración *pranayama*. En el caso de que aflorasen durante el día sensaciones de desregulación, su práctica era volver al cuerpo con algún estiramiento y respiraciones profundas. Pero si de este modo tampoco lograba regularse, tenía la opción de dar un paseo en silencio y descalzarse. Si eso tampoco funcionaba, entonces llamaba a su perro y lo abrazaba. Cada uno de nosotros puede descubrir formas únicas para regularse y corregularnos.

Por lo tanto, es fundamental que consigas encontrar momentos para regular tu cuerpo, ya sea solo o acompañado, de la forma que sea más eficaz para ti ya que todos somos diferentes. Una práctica que es eficaz para ti quizás no lo sea para mí, y tal vez me desregule o viceversa. Lo importante es que encuentres unas pocas prácticas que te resulten eficaces y las realices. De la forma, en que le dijo un maestro al aprendiz en esta historia:

Había un aprendiz yogui que quería conocer todas las técnicas de liberación energética y se marchó a un *ashram*. Encontró al maestro y le expresó su deseo:

–Quiero que me enseñes todas las técnicas para que pueda vivir de forma *sáttvica*.

El maestro permaneció en silencio unos instantes y le dijo:

–Si solo consigues hacer una técnica cada día, lograrás mucho más que conociéndolas todas y no haciendo ninguna.

El aprendiz se quedó pensativo y le dijo:

–Maestro, ¿y si aprendo todas las técnicas y las pongo en práctica?

El maestro con una sonrisa lo miró y le respondió:

–Si haces todas las técnicas, no tendrás tiempo para cocinar, trabajar y socializar. Estás en esta vida para gozarla y ser feliz.

*Regula tu cuerpo*. Este *Purushartha*, *Kama*, es la Tercera Arte yóguica y realizarla te llevará a desarrollar la escucha y la compasión hacia ti y hacia los demás. Con la práctica, te abres más a la energía que está presente en ti y a aquella que te rodea, dejas de resistirte ante lo que requiere tu atención y aprendes a vivir en el momento presente, con humildad e inocencia, encarnando el espíritu libre que se te ha concedido desde el nacimiento.

El secreto para vivir una vida consciente y plena está en la regulación de nuestro cuerpo, que es la raíz de nuestro bienestar y amor propio. Siente esta verdad y permite que cale en ti. Cuando aceptamos esto como un hecho, podemos mirar la memoria kármica y todos sus *samskaras* con una nueva luz. Porque cuando te regulas, sanas las heridas kármicas del pasado y aceptas más fácilmente la manera como el universo nos quiso enseñar a cuidarnos juntos y vivir de forma más consciente y saludable. Descubrirás nuevas formas para liberar la tensión kármica acumulada en el sistema nervioso con prácticas corporales. Si en algún momento te sientes desregulado –algo que sin duda ocurrirá–, puedes parar y volver a tu regulación siempre que lo necesites. Puedes llegar a decirte:

No permitiré que esta vivencia me lleve al caos emocional. Me daré un espacio. Respiraré. Mostraré a mi cuerpo que no necesito reaccionar de las formas que aprendí en el pasado. Cuido de mi sistema nervioso, que sé que reacciona de la forma en la que aprendió para mantenerme a salvo. Gracias a sus señales a través del cuerpo, puedo tomar la decisión de regularme y gestionar el estrés del momento, el miedo o la emoción intensa. Pero también me perdono si no pude atender a mi cuerpo a tiempo, porque fui demasiado rápido al modo supervivencia y reaccioné.

Basta con realizar una práctica reguladora durante unos pocos minutos al día cuando lo necesites, solo o acompañado. Si además de estos momentos, dedicas una hora al día a practicar Yoga y durante el fin de semana una mañana o una tarde para conectar con la naturaleza o con una *sangha*, pues mucho mejor. Al hacerlo, tu amor y respeto hacia ti crecerá y te sentirás en equilibrio.

Si adoptamos esta Tercera Arte, *Kama*, y *regulamos nuestro cuerpo*, soltaremos todas las respuestas instintivas y nuestro corazón se abrirá al momento presente. Se ablandarán y se caerán las capas kármicas endurecidas por los muchos años. *Kama* es la belleza de volver a nuestro cuerpo, a nuestra verdadera casa. Como dijo el poeta místico hindú, Kabir:

> No busques el jardín florido, oh, querido, no lo busques; en tu cuerpo florece el más glorioso de los jardines. Siéntate en el loto de los mil pétalos y contempla la infinita belleza.

Todo esto hará que estés preparado para vivir una nueva vida llena de propósito, de *Dharma*. Fortalecerás tu sentido más profundo de unión con la vida y los vínculos de conexión con otras personas.

*Regula tu cuerpo*. Este es el poder del amor que vence al miedo. Este es el camino hacia la felicidad y la libertad.

# 5. La Cuarta Arte: *Dharma*
## *Sigue siempre tu corazón*

La cuarta y última Arte, *Dharma*, dará sentido a las anteriores y hará que las ames todavía más. Sin *Dharma*, la motivación para practicar y crear hábitos de las tres primeras te sería más difícil. Al poner en práctica la Cuarta Arte, empezarás a sentirte pleno y en equilibrio, pues podrás comenzar a manifestar el propósito más elevado en tu vida.

La Cuarta Arte, *Dharma*, es manifestar nuestro propósito aquí en la Tierra para un bien común. Para descubrir en cada momento cuál es tu *Dharma, sigue siempre tu corazón*. Recuerda que *Purush* significa «alma» y *Artha* designa al propósito. En esencia, los *Purusharthas* y sus Cuatro Artes buscan tu propósito más elevado, porque el alma siempre se relaciona a través del corazón y todo aquello que quiere comunicar te llevará a manifestar tu *Dharma*.

Sea lo que sea que estés viviendo en este momento, *sigue siempre tu corazón*. Con independencia de cómo hayas vivido hasta ahora, quizá en algún momento te hayas preguntado: ¿de qué trata realmente la vida? El no encontrar un motivo o una respuesta clara a nuestra existencia es lo que hace que a veces nos desmotivemos y no sepamos muy bien qué sentido tiene vivir si después nos vamos a morir. Aunque practiquemos las otras tres Artes, si no tenemos un propósito vital claro es muy probable que nos veamos empujados a vivir mucho tiempo con una energía *tamásica*, con la que nos sentimos deprimidos, sin chispa y sufrimos. Lo que nos ocurre es que no tenemos un motivo para vivir. Sin embargo, la Cuarta Arte es la energía que inundará tu motivación para vivir.

Durante mis estancias en los *ashrams*, en ocasiones se les pedía a los participantes que venían para los retiros de Yoga y meditación durante quince días que hicieran antes y después del retiro una lista de prioridades en sus vidas de las más importantes a las menos. Para los hombres, la prioridad antes del retiro era la riqueza, junto con otras prioridades como la aventura, el éxito, el placer y el respeto. Después del retiro, al experimentar un salto cuántico de consciencia (*Moksha*) y regular sus cuerpos (*Kama*), sus prioridades mostraban un cambio significativo. Lo que más valoraban era el propósito vital, seguido de la paz interior, la espiritualidad, la familia y la honestidad. En cuanto a las mujeres, su principal prioridad antes del retiro era la familia y ser una buena madre, además de un sentido de independencia, éxito en la carrera, encajar en la sociedad y ser atractiva. Después del retiro, sus prioridades también cambiaban, pues despertaba su identidad más pura (*Moksha*) y volvían a su estado *sáttvico* (*Kama*). Lo que más valoraban era su propósito vital y su crecimiento personal, así como tener una autoestima sana, un sentido de espiritualidad, ser feliz y cuidar de su familia.

Resulta muy significativo ver que el propósito vital es prioritario, independientemente de que seamos hombre o mujer. Pero era importante que se volvieran a sus casas con pistas sobre cuál podría ser su *Dharma*. Por ese motivo, el último día del retiro, se invitaba a los participantes a visualizar su funeral para despertar su dirección *dhármica*.

Cuando imaginamos nuestro funeral y a todas las personas que estarán allí para despedirse, es más fácil suponer todo lo que nos gustaría oír sobre nosotros. Ahora piensa profundamente: ¿Qué desearías que dijeran sobre ti? ¿Cómo te gustaría haber influido en ellos? ¿Cómo preferirías que te recordasen? Pensar en todas estas preguntas e imaginarnos el día de nuestro funeral nos ayuda a comenzar a pensar en la huella *dhármica* que dejaremos en el mundo. Durante mis estancias en los *ashrams* de Estados Unidos conocí rituales nativo americanos para descubrir cómo funciona nuestro *Dharma*. El ritual nativo americano «llorar por una visión» (*hanblecheya-pi*) es un ritual *dhármico* poderoso, pero a la vez arriesgado. El buscador espiritual se compromete a permanecer entre uno y cuatro *días* alejado de la civilización, en lo alto de una colina al borde de un acantilado, con solo una manta y algunas ofrendas, pero sin alimentos ni agua. De este modo, espera que la visión del propósito de su alma aparezca y pueda verla con claridad.

Aunque no es necesario hacer ese tipo de rituales, la visión de nuestro *Dharma* nos puede llegar de muchas otras formas: a través de señales, sueños o de algún texto que nos tocó profundamente, o al sentirnos inspirados por la vida de alguien.

En una ocasión, en un retiro, un señor se me acercó al terminar la clase de Yoga y me comentó que él, a pesar de haber hecho todo lo que se supone que tenía que hacer para ser feliz, como tener una casa, una familia y un trabajo que le permitía vivir bien, tenía la sensación de que le faltaba algo. Claramente, se había enfocado en ser responsable en todos los ámbitos de la vida (*Artha*), leía y hacía retiros para ser más consciente de sus condicionamientos (*Moksha*), se cuidaba con prácticas de regulación en el día a día (*Kama*), pero había dejado de lado su *Dharma*, pues no prestaba suficiente atención a su corazón. Al ser consciente de que no había atendido aquello que su corazón le quería comunicar, con el tiempo pude presenciar la transformación en este señor, pues pasados unos meses descubrió su *Dharma*, que era cultivar un huerto orgánico y ofrecer los alimentos para los más necesitados. Cuando lo volví a ver, irradiaba vitalidad, había recuperado su sonrisa y la ilusión de vivir, pues había encontrado su razón de existir en este mundo. También me llegó a comentar que las otras Artes cobraron más fuerza al haber descubierto su *Dharma*, pues ya no meditaba para sentirse bien, sino para estar bien y aportar bienestar a los demás a través de su *Dharma*, que le dio a su existencia una dirección y una fuerza ilimitadas.

Si tu *Dharma* es enseñar prácticas de Yoga, porque lo sientes, ofreces bienestar y reduces el sufrimiento de las personas que acuden a tus clases, no hace falta que sean la fuente principal de tus ingresos, porque eso le corresponde a *Artha*. Descubrirás que tus responsabilidades *árthicas* de trabajo y de familia ya no te pesan porque tu corazón está tranquilo al darle su espacio en otros momentos. El espacio que has creado para el *Dharma* te hace sentir realizado y eso logrará que todas las otras áreas de tu vida se realicen desde la calma. Esa es la magia de manifestar nuestro *Dharma*.

Con el tiempo, nuestro *Dharma* se desarrollará de forma orgánica y espontánea, creando una vida de satisfacción. De esta forma, disfrutamos del proceso con cosas que amamos hacer, que nutren nuestra alma y nos conectan con el resto de la existencia, llenándonos de vitalidad. El *Dharma* puede ser cualquier actividad que nos aporte paz, actividades creativas como pintar, escribir o hacer manualidades, o bien llevar a cabo actividades en la naturaleza como jardinería o dar clases de Yoga y meditación. Las disfrutas y te aportan paz porque contribuyes al bienestar de los demás. Es tu forma íntima de conectar con tu esencia consciente, que también subyace en todo el universo.

Sin embargo, quiero que comprendamos mejor su naturaleza, porque al comprenderla estarás más abierto a tu corazón para recibir las señales *dhármicas*. Para ello, la ciencia nos habla de la *teoría del caos*. Según esta teoría, nuestra vida ya está en caos y no solo en algunas épocas, sino todo el tiempo. Aunque intentemos evitarlo lo más posible, la naturaleza que nos rodea, así como el resto del universo, está en permanente caos.

El término *caos*, desde la perspectiva científica, significa la interconexión de todo a través de eventos aparentemente desorganizados, pero que en realidad están organizados por una inteligencia creativa difícil de explicar. Para el Yoga, esta inteligencia creativa tiene un nombre: la energía *Shakti*, que es la consciencia pura manifestada o Shiva, moviéndose de forma inteligente y reorganizándose siempre a través de nuestro cuerpo.

Sin embargo, siguiendo con la perspectiva de la física, si miramos un río en la montaña, observamos cómo cambia de velocidad dependiendo de si es primavera o invierno. Descubrimos cómo el agua genera turbulencias en distintas partes del cauce, que influyen en otras partes, pese a que entre todas al final se reajustan, pues están interconectadas como un todo, generando un flujo constante de cambio. Según la teoría del caos, nuestra vida es como un río y hay muchos ejemplos para comprenderlo: piensa en una orquesta de música y en cómo cada músico es libre, pero está interconectado con los demás. Tal como sucede con un banco de peces o una bandada de pájaros, que se mueven como una unidad cuando aparece una turbulencia, ya que hace que todos los integrantes se reajusten y no pierdan la armonía. Así también, las células imaginales dentro de la oruga están perfectamente organizadas, o las células de nuestro cuerpo, que, en aparente disociación, al entrar en comunicación unas con otras, generan una unidad en todo el cuerpo, o las neuronas cerebrales, que, como explica la neurociencia, funcionan óptimamente cuando están en comunicación entre ellas. Todas estas partes aparentemente separadas entre sí entran en lo que se llama un constante bucle de retroalimentación. Es decir, su comportamiento se reajusta de forma creativa a lo que sucede en su entorno y hace que se despierte un algo más: *la energía Shakti*, que opera en perfecta armonía, organización y movimiento.

El hecho de que no descubramos nuestro *Dharma* se debe a que no nos sentimos parte del todo y estamos fragmentados. La resistencia creada por la memoria kármica no se reajusta a la energía de cambio que se necesita para que fluyamos con aquello que sentimos, sino que se resiste, porque es algo que desconoce. Es como si el río se resistiera a hacer un giro porque quiere pasar por un lugar sí o sí. Si esto ocurriera, dejaría de ser un río y se convertiría en un canal de agua preestablecido, que perdería toda su naturalidad y espontaneidad y dejaría de tener vida.

En nuestro día a día, recibimos constantemente del entorno bucles de retroalimentación en nuestro cuerpo. Pero si no somos conscientes de la energía creativa que fluye en él, nos quedaremos atrapados en ese obstáculo, como si el río se parase al ver una roca en el camino y se empeñase en atravesarla.

Si somos libres de la memoria kármica, nos adaptamos, fluimos, seguimos existiendo y, como el río, podemos aprender a fluir con lo nuevo. Entonces, siendo flexibles, entramos en la fuerza creativa y descubrimos nuevas formas de crear en armonía con nuestro entorno, y así nuestro *Dharma* nos será revelado. Crecerá y cambiará en la medida en que sentimos la energía que nos rodea y, si nos abrimos a ella, generará bienestar para todos.

Piensa en artistas muy creativos: cada uno se abandona al proceso con ambigüedad, permitiéndose recibir la información del entorno para crear la pintura con el mismo proceso, adaptándose a la obra sin imponer cómo tiene que ser o lo que tiene que transmitir. Por este motivo, las piezas artísticas que nos conmueven son aquellas que hablan también de nosotros, pues no son un producto aislado de su entorno.

Si aprendemos a abrazar la incertidumbre de lo nuevo y nos permitimos abrirnos a esquivar y cambiar de rumbo cuando surjan turbulencias en nuestro camino, empezaremos a sentirnos vivos, porque nos convertiremos en una fuerza creativa. Al recibir la información de nuestro entorno, nacerá el movimiento natural y espontáneo para que el *Dharma* se pueda manifestar. Al sentir que hay caos interno en nuestras vidas, como en el resto del Universo, confiaremos en nuestra habilidad de ser flexibles, de fluir, de sentir que la vida quiere que tomemos una nueva dirección.

Cuando despertamos a nuestro fluir energético con prácticas como *Vinyasa Yoga*, aprendemos a fluir a través de las posturas, como en una danza. Te dejas llevar con aquello que sientes y te rodea, y te resulta más fácil conectar con su energía en el día a día, pues fluyes sin miedo y no piensas en cómo tiene que ser tu *Dharma*. Te abres cada instante a lo nuevo, a lugares que no conoces, pero que te hacen sentir pleno y realizado.

Por este motivo, muchos artistas dicen: «Un cuadro siempre está inacabado», *que es lo mismo que decir: nuestro Dharma siempre está inacabado*. Así como la fuerza creativa está viva, también lo está nuestro *Dharma*. Es una dirección que crece contigo desde lo profundo de tu corazón y te da la orientación, como si de una brújula interna se tratara, para dirigirte hacia aquello que necesitas en cada momento y en cada circunstancia. Ser auténtico y fiel a tu *corazón dhármico* significa que estás conectado con tu propia espiritualidad. Cuando eres espiritual, empiezas a ver todo con sacralidad y descubres señales donde antes no las veías, comienzas, por fin, a apreciar todo lo que puede ofrecerte la vida.

Cuando no cultivamos nuestra espiritualidad a través de las tres primeras Artes para manifestar nuestro *Dharma*, negamos la vida, pues bajo cada negación que hacemos a nuestro corazón, como si no existiera, está el miedo a ser herido, a ser rechazado, a no encajar en la sociedad o en nuestra familia o en nuestro círculo de amistades. Nuestros hábitos kármicos pueden hacer que rechacemos nuestro anhelo *dhármico*. En la negación profunda nos abandonamos y nos conformamos con mantener una vida material cómoda, con hábitos no saludables, ya que sacrificamos ser auténticos con nuestro corazón. Nos parece que lo importante es *sobrevivir*, pero cuando despertamos a la realidad de nuestro corazón, ya no tenemos miedo a lo que puedan decir y nos comunicamos con coraje y valentía.

Cuando te conviertes en tu propio maestro a través de las tres primeras Artes, disuelves el miedo, sus pautas de negación y búsquedas de protección. Transciendes las situaciones que se presentan en el día a día, independientemente de si están bien o están mal y accedes a un campo creativo ilimitado. Cuando somos capaces de responder con un sí a la pregunta: «¿Es mi deseo de sentirme realizado más fuerte que mi crítica a mí mismo y a los demás?», entonces estás preparado para desarrollar tu *Dharma*, y no habrá ningún miedo que te frene. Llegará un momento en que establecerás esa conexión con tu corazón y no la perderás. A esto se le llama en la tradición del Yoga «hablar el idioma del espíritu». Puedes llegar a decir: siento que es importante mi actual trabajo, pero necesito organizar mi semana para otros espacios, o bien: ahora mismo me siento inseguro y necesito que me des apoyo para hacer un proyecto que siento que tengo que llevar a cabo por el bien de la comunidad. Seguir a tu corazón es confiar en aquello que quiere comunicarte a través de su voz intuitiva. No lo puedes saber con la mente, porque tu intuición habla a través de tus «corazonadas», son las sensaciones las que te muestran hacia dónde ir o cómo hacer ese proyecto.

En una ocasión, escuché en el *ashram* que la enfermedad mental que padecen las personas en nuestra sociedad, que aparentemente parece caótica, es en realidad lo contrario. La enfermedad mental aparece cuando tenemos una imagen de nosotros mismos rígida y cerrada, restringida a estar abiertos a la respuesta creativa de nuestro entorno y del mundo en el que vivimos. Entrar en caos es sentir que cada momento es único, por eso, cuando entramos en la turbulencia de la vida, descubrimos que todo es nuevo e irrepetible y que los milagros empiezan a aparecer en nuestra existencia. Nos dejamos sorprender como el niño o la niña que llevamos dentro, que se deleita con lo nuevo que ha descubierto, y nos sentimos plenamente vivos. Esta historia capta la belleza de que cada momento es único:

Mes a mes, año a año, en el *ashram* el anciano panadero se despertaba temprano para hacer el pan. Un día llegó un vecino del pueblo vecino y le dijo que después de todos estos años las rebanadas de pan eran las mismas y pesaban lo mismo y que el pan siempre estaba caliente y fresco. El anciano panadero dijo:

–Quizá el pan parezca igual, pero cada barra de pan que hago es única, porque en cada una de ellas expreso mi creatividad.

Cada mañana, al levantarnos, tenemos la opción de estar abiertos a la creatividad del caos, abiertos al mundo que nos rodea. Como dijo en una ocasión un gran yogui: «La vida es abrirse a las infinitas posibilidades nunca contempladas». Tu vida es un acto creativo, como una pintura o un concierto y si lo aceptas descubrirás formas únicas y frescas de manifestar tu *Dharma*.

*Sigue siempre tu corazón*. Este último *Purushartha*, *Dharma*, es la Cuarta Arte que da sentido a las otras tres. Cuando la pongas en práctica, habrás aprendido a ser capaz de manifestar la verdad que está dentro de ti. Sin culpabilidad ni juicio, expresarás con creatividad el nuevo mundo que sientes vivir, haciéndote auténtico y siendo veraz en cada momento. Cuando vives y das, te permites sentir cómo quiere manifestarse tu *Dharma*, y te sientes dichoso. Volviendo a Gandhi, él reconoció esta simple verdad *dhármica* cuando dijo: «Mi vida es mi mensaje».

Tu corazón es inquebrantable si tu comunicación se convierte en íntegra. Recuerda: tu corazón es la manifestación más pura de tu alma y, si no te resistes a escucharlo, todo cambiará para ti. Dentro de tu corazón hay una gran música que espera ser interpretada y compartida con los demás. Al hacerlo, tu «música interior» sonará a cada instante. En esencia eres un artista y la obra maestra que estás creando es tu propia vida. Te sentirás profundamente conectado contigo y con el entorno que te rodea.

*Sigue siempre tu corazón*. Serás testigo de una transformación inigualable, pues si los yoguis pudieron, durante siglos, tú también. Confía en ti, porque llegará ese momento en que escuches en tu interior estás palabras hechas de verdad y amor:

Hace unos años no hubiese imaginado ser la persona que soy. Dediqué gran parte de mi vida a buscar un propósito y, básicamente, mi búsqueda consistía en encontrar algo afuera que me beneficiara dentro. Pero en medio de esa búsqueda, un día me detuve y me fijé en algo que venía ocurriendo en mi interior. Desperté, abrí los ojos hacia dentro y me resonó el corazón, sabía que en algún momento habíamos estado unidos, pero por alguna razón nos habíamos separado. En ese momento, el primer acto de amor y generosidad que tuve fue el perdón. Me perdoné. Me estaba perdiendo en el pasado. Así obtuve el regalo de ver que mi propósito estaba desalineado, y en mi despertar tuve la visión, y entendí que estaba en mí la libertad para escoger quién quería ser y cómo quería vivir. Esa misma elección la tenemos todos los seres humanos para decidir en nuestras vidas. Entonces escogí ser la persona que soy hoy en día y empezaron a suceder cosas totalmente alineadas con lo que manifiesto y proyecto. Un propósito más claro, en el que no voy a ser tan importante para todos, pero sí más importante para mí y los que me rodean. Mi corazón siempre está presente, me habla, me avisa, y estoy con él. Aquí y ahora, al escucharlo, el potencial ilimitado del Universo, la voz de mi alma me dice: «Te amo».

# 6. El camino yóguico hacia la autenticidad
*Crear nuevos hábitos*

Hoy en día se habla de que tenemos que ser auténticos. Sin embargo, casi siempre fingimos que actuamos de acuerdo con un papel que consideramos correcto en cada situación. Este patrón que nace del miedo crea en nosotros inseguridad y comportamientos de sumisión. Nos plegamos a la influencia de los demás y aceptamos sus expectativas para evitar la confrontación o sencillamente para no decepcionar. Nos limitamos a decir lo que creemos que los demás quieren oír y actuamos silenciando nuestros propios criterios y necesidades a cambio de la aprobación ajena. Nuestra vida y nuestras interacciones reflejan una danza entre el amor y el miedo.

La tradición del Yoga nos enseña que existen cuatro grandes miedos, que son los portavoces de nuestra memoria kármica y que nos frenan en nuestro camino para ser realmente libres y brillar por nuestra autenticidad. El primer miedo es a que te dejen de querer y a sentirte rechazado. El segundo es el miedo a sentir que no eres capaz, entonces surge la impotencia y te sientes desorientado, porque crees que no serás capaz. El tercero es el miedo a no poder controlar las situaciones y las personas y sentirte indefenso. Por último, el cuarto es el miedo a no ser suficiente y creer que no serás feliz.

Todas las decisiones correctas que has tomado en la vida y que te han ofrecido bienestar son fruto de la escucha íntima a tu interior, mientras que cada decisión incorrecta ha sido por no escucharte y dejarte guiar por alguno de los cuatro miedos. Como bien sabes, el alma se comunica con tu corazón constantemente, le susurra, le habla, le envía sabiduría. Si no escuchas a tu corazón, si no desarrollas el discernimiento (*viveka*), tu vida sufrirá. Tu propósito aquí en la Tierra es vivir honrando a tu corazón, siendo puro, honesto e íntegro. De este modo, te sientes empoderado y vibrando de amor. Esta es la razón por la que a los yoguis se les conoce como los maestros del amor.

Para alcanzar esta transformación, primero debes *ser consciente* de los cuatro miedos que aparecen en cada situación en la que te encuentres y en cómo influyen en tu mente, tus emociones y tu cuerpo. En segundo término, debes *escuchar la voz* sabia de tu corazón y todo lo que quiere comunicarte. En tercer lugar, debes *pasar a la acción* sabiendo lo bueno que será para ti, pues te ayudará a mejorar en todos los aspectos de la vida. Un yogui es un ser espiritual libre, una persona que reescribe continuamente su historia y que no le teme a nada.

De esta forma, ya no temeremos decir «no» o «sí» y dejaremos de preocuparnos por la reacción de las personas, tanto si piensan que somos egoístas como si creen que no les podemos ayudar. Si los ayudamos, es porque será bueno para nuestra salud y bienestar. Con el poder del amor dejas de convertirte en alguien que no eres, para empezar a escuchar la verdad de quién eres. Entonces podrás saber lo que realmente quieres al preguntarte ante cada decisión: «¿Cuál es mi intención más auténtica en este instante?». Llegará un momento en que tu acción y tu intención confluyan y tu cuerpo lo sentirá, pues se llenará de energía creativa, de *Shakti*, y recuperarás tu autenticidad. Te convertirás en un ser humano auténtico, sea cual sea la decisión y la acción que tomes.

A lo largo de mis estancias en los *ashrams*, me fue revelada otra simple y al mismo tiempo profunda gran enseñanza ancestral para nuestro camino hacia la autenticidad: *los cinco hábitos yóguicos*, que siempre tienen que estar presentes en nuestro día a día.

El primer hábito yóguico es *el hábito del silencio* (*mouna*). En la visión del Yoga, el silencio es más que la ausencia de ruido, ya que es tomar consciencia de aquellas situaciones donde podemos apreciar el mundo y lo que nos rodea sin pronunciar una palabra. El silencio se convierte en una energía para respetar y honrar la presencia de aquello que sentimos y vemos.

Estamos fascinados por las palabras, pero donde realmente nos encontramos es en el silencio, que está más allá. Si yo entro en el lugar en mí que es amor y tú entras en el lugar en ti que es amor, estamos juntos en el amor. Entonces tú y yo estamos verdaderamente enamorados, vivimos en un estado de dicha, conocido en la tradición como *ananda*. Esa es la entrada a la Unidad y es *vivir* el Yoga. Cuando nos identificamos con la consciencia, ya no estamos viviendo en un mundo de polaridades, pues todo está presente al mismo tiempo. Por este motivo, entrar en nuestro silencio interior hace que nos fundamos y nos unamos profundamente con las personas, situaciones o ambientes. Nos hace sentir abiertos a lo que está presente en cada momento y a todo movimiento espontáneo que nos surja sin pensar.

El silencio nos permite sumergirnos plenamente en nuestra experiencia de vida, en ser capaces de escuchar a nuestro cuerpo y nuestra mente para expresar lo que necesitan. Con el silencio, podemos sintonizar con la sabiduría del corazón y empezar a confiar en lo que nos transmite. Al crear un espacio de silencio interior, podemos incluso descubrir en nosotros puntos de vista inflexibles condicionados por *samskaras* y por las emociones ocultas, como la ira, el miedo o la tristeza, que a menudo están sepultadas por el ruido constante de la mente y por nuestro estilo de vida frenético. Cuando desarrollamos el silencio interior, conseguimos más calma y claridad, pues desde el silencio no hay nada que hacer ni lugar alguno a donde ir. Además, mientras encuentras la luz en tu corazón, sentirás la luz en los demás.

Una vez que entremos en ese estado silencioso, podremos desarrollar los siguientes hábitos yóguicos. El segundo es *el hábito del no saber y el no hacer* (*chaitanya ajanat* y *akriya*). La primera parte de este hábito yóguico es aprender a relajarnos en el *no saber*, ser conscientes de que en realidad no sabemos. Soltar y dejar caer nuestro marco mental de conocimiento, suposiciones y prejuicios personales hará que conceptos tales como «dentro y fuera», «bueno y malo», «ser esto o lo otro» dejen de estar en nosotros. Con este hábito, sientes una profunda conexión con la creación y con todo lo que te rodea. Te sientes libre porque dejas ir ideas y teorías sobre cómo es mejor actuar y mostrarse en cada momento. Cuando *no sabemos*, no nos apegamos a nada y aprendemos a no tener conocimiento sobre qué pensar, decir y hacer, pues fluimos con cada momento.

Hay un dicho de la tradición budista que nos dice: «El *no saber* es lo más íntimo», y también es conocido como la «mente de principiante». Un experto puede conocer profundamente un tema y, sin embargo, estar cerrado ante otras formas de conocimiento. Por el contrario, cuando somos principiantes, podemos ver con ojos frescos e imparciales. Dejamos de fingir ser alguien que no somos, motivados por los cuatro miedos. Cuando *no sabemos*, soltamos la mente y nos abrimos a la sabiduría de nuestro cuerpo. Nos permitimos no tener conocimiento, pero sí estar llenos de sabiduría. Por este motivo, para dejar de jugar el juego de *Maya*, no se trata de convertirnos en alguien, sino de vaciarnos para ser nadie *y así* volveremos a nuestra esencia inocente y abierta.

La segunda parte de este hábito es cultivar el *no hacer*, que por supuesto no es una actividad. En Occidente, se nos ha educado para que no paremos, incluso en los momentos libres y de descanso. El *no hacer* es la pasividad del descanso, para simplemente *ser* sin permitir que tengamos que hacer algo. La meditación es un excelente ejemplo de «no hacer nada», pero hay muchas otras formas de no hacer: respirar profundamente, estar en la naturaleza sin ningún motivo o actividad específica que realizar o simplemente estar acompañado de un perro o un gato en casa. Por ejemplo, cuando caminas por el puro placer de caminar, sin hacer nada, te permites contemplar y sorprenderte a cada paso. Es como si vieras las flores, los árboles o el paisaje por primera vez, ya que al no hacer nada sin ningún objetivo específico, estás nutriendo tu alma.

El *no saber* y el *no hacer* serán el lenguaje de tu corazón que te conducirá por nuevos caminos nunca explorados. Cuando fluyas con aquello que *no sabes* y *no haces*, recuperarás la naturalidad de intimar con todo, y cada momento será único e irrepetible. La consciencia *no sabe* y *no hace*, simplemente *es*. Entras en un estado de dicha, donde percibes las cosas tal como son y eso es lo realmente mágico.

El tercer hábito yóguico es *el hábito de la bondad amorosa* (*maitri*). La *bondad amorosa* es un estado en el que podemos perdonarnos y sentirnos agradecidos, que también nos invita a comprender a los demás. Nos permite conectar con nuestra empatía y compasión, porque el amor es la energía que mueve todo en el Universo. Cuando hablamos de amor, nos referimos al amor incondicional por las personas, por el planeta, por los animales y por nosotros mismos, pues el amor no surge solo en la pareja, nace de tu energía que todo lo abraza y lo acepta sin condiciones.

Cuando comprendemos y sentimos en nuestro cuerpo que cada persona está en su propio camino de crecimiento, la bondad amorosa surge como la energía de la amabilidad. Pero para sentir *bondad amorosa* hacia los demás tenemos que ser amables con nosotros mismos, es decir, acoger cualquier cosa que llegue a nosotros sin juzgarla y sin rechazarla. De este modo, aprenderemos a sostenernos en todo momento y a mantenernos presentes, aunque haya dolor o alegría, tristeza o serenidad, angustia o calma. Al desarrollar los dos primeros hábitos yóguicos, la *bondad amorosa* será posible, pues se convertirá en el movimiento energético y compasivo que nace de tu amor incondicional, sea cual sea la tormenta emocional que haya en tu interior.

El cuarto hábito yóguico que tienes que cultivar es *el hábito de las acciones compasivas* (*kriya karuna*), que consiste en realizar las acciones de agradecimiento para atender a los demás de forma espontánea y natural. Cuando das un abrazo, no piensas en dar un abrazo, simplemente surge, porque ningún condicionamiento o resistencia te hace pensar si es correcto o no darlo. Eres tú, pues te conviertes en la acción que nace desde tu sentir profundo al poner en práctica los tres primeros hábitos yóguicos.

A veces, todo lo que las personas realmente necesitan de nosotros es un gesto amoroso y genuino. Un abrazo sincero o una sonrisa cálida si así lo sientes, ayudarlas en algo que necesiten o simplemente escuchar con corazón abierto, porque, si no es genuina la acción, el cuerpo de la otra persona lo percibe y su corazón se cierra. Aunque no es necesario amar o que nos gusten todas las personas para poder generar acciones compasivas por ellas. Si conectas con la energía amorosa que emana de tu corazón, saldrás de tu camino kármico y, de forma natural, nacerán las acciones compasivas, mostrándote con un brillo cálido hecho de amor.

Por último, *el quinto hábito yóguico: manifestar el sueño de tu nueva vida* (*bhavana*). Al sentirte impregnado de amor hacia ti y hacia los demás con los cuatro primeros hábitos yóguicos, estarás preparado para conseguir el quinto hábito: manifestar los sueños que nacen de tu corazón *dhármico*. Hay cinco pasos conscientes para poner en práctica este hábito.

El primer paso para aprender a manifestar tu nueva realidad es crear un nuevo concepto de ti mismo: eres un ser espiritual infinito que tiene una experiencia humana temporal. Cuando eres consciencia, tienes un poder ilimitado de creación, lo que nos lleva al segundo paso: *liberar tu imaginación de las circunstancias limitantes* que quizás estás viviendo ahora. No dejes que tu imaginación se limite a las condiciones actuales de tu vida o a lo que yo llamo «estar obsesionado con lo que es». Sigue recordando que todo lo que has creído en todo este tiempo te ha llevado precisamente al punto en el que te encuentras ahora. Si quieres elevar tu vida, entonces tienes que cambiar lo que has creído que es verdad sobre ti. No hay nada que puedas hacer para cambiar lo que fue, pero puedes crear un nuevo presente y futuro con nuevas creencias sobre ti y sobre aquello que quieres manifestar en tu vida. Sé realmente libre de imaginar todo lo bueno que quieres vivir en tu nueva vida.

El tercer paso es *verte cumpliendo tus nuevos sueños*. Si en tu mente ves los deseos que ya se han cumplido, experimentarás lo que se siente, saboreando esas sensaciones en tu cuerpo. Te llevará un tiempo, pero si eres constante, experimentarás un profundo estado de gratitud, porque tu deseo ya se ha realizado en tu interior. En consecuencia, atraerás a la vida aquello que sientes: si es abundancia, la atraerás; si quieres relaciones sanas, atraerás relaciones sanas, porque así funciona el Universo con la ley kármica de causa y efecto.

Por este motivo, puedes comenzar a manifestar prácticamente cualquier cosa que seas capaz de soñar. Cuando cultivas los cuatro primeros hábitos yóguicos, te desconectarás de tu condicionamiento *Maya* y desde ese espacio interior podrás cultivar el quinto hábito: *el de manifestar el sueño de tu nueva vida*.

Ten la certeza de que no se te da el poder de soñar sin el poder equivalente de manifestar ese sueño y convertirlo en tu realidad física. Nada ocurre en la vida sin antes haberlo imaginado. Estarás tan lleno de amor que serás tú quien decida qué nueva vida quieres vivir. Con los cinco hábitos yóguicos te será más fácil poner en práctica las Cuatro Artes de la vida. Dejarás de tener miedo y te convertirás en tus sueños más bellos. Como nos dicen las *Upanishads*:

> Eres lo que es tu deseo profundo e impulsor. Tal como es tu deseo, así es tu voluntad. Tal como es tu voluntad, así son tus obras. Tal como son tus obras, así es tu destino.

❋ ❋ ❋

Desarrollar *los cinco hábitos yóguicos* hará que se conviertan en tu guía para llevar a la práctica de forma eficaz las Cuatro Artes, como si la vida dependiera de ello. Desarrollar la habilidad de conectar contigo y con los demás requiere de un compromiso espiritual y universal que afirman la vida y tu propósito en ella.

Sé auténtico, sea lo que sea lo que los demás quieran que hagas y pienses. Comprende que todo el juego de *Maya* se basa en la fe en la mente racional y en su memoria condicionada por creencias y experiencias kármicas. No es necesario esperar a que te lo digan, pues viniste a este mundo para sentirte realizado y ser feliz. Viniste con el derecho a ser tú mismo, a amarte y amar a todo lo que te rodea, pues eres plenamente libre. Vive la vida y gózala. Sánate y suelta el pasado. Arriésgate a sentir a *Brahma*, a sentir tu esencia y todo aquello que quiere ofrecerte a través de ti. Estás hecho de consciencia y energía, de vida y amor, no porque lo sepas, sino porque lo sientes.

Cuando nos abrimos al poder del amor que todo lo crea, nos permitimos estar plenamente vivos en el momento presente y no nos asustará nunca más nuestra propia oscuridad. Al abrazar nuestra memoria kármica, experimentaremos cualidades de compasión que nos ayudarán a aceptarnos y a aceptar a los demás tal como son. El camino yóguico hacia la autenticidad es el arte de permitirnos sentir, fluir y ser sinceros en cada momento. Tu intención más profunda, como la mía, es abrirte al poder del amor y a tu realización más gozosa. Como dice la *Bhagavad Gita*: «Quien se abandona al amor y se mueve libre de todo apego, egoísmo y sed de placeres logrará la paz». Si aceptas la luz que eres y liberas a *Brahma*, entonces el *juego de Maya* se habrá terminado. Te abrirás a posibilidades nunca contempladas y empezarás a vivir el milagro de sentirte vivo.

Entonces, escribe en un papel las Cuatro Artes y tenlas siempre a la vista. Puedes incluso hacer una tarjeta y llevarla contigo, pues así podrás recordarlas siempre que lo necesites. Cuando te haces consciente de su poder y las interiorizas con el tiempo, la magia sucederá, independientemente de lo que ocurra a tu alrededor.

*Sé tu esencia consciente, sé responsable, pero pon límites, regula tu cuerpo* y *sigue siempre tu corazón*. Te sentirás siempre agradecido y fruto del amor que te tienes. Serás la unión más sincera; la de ser espiritual y humano, la de convertirte en un ser realmente auténtico. Desde ahora en adelante, empiezas a vivir tu nueva vida.

# 7. Ofrendas de Intención
## Renacer en la vida

Hace mucho tiempo, en los valles de los Himalayas, muy cerca del nacimiento del río Ganges, durante las festividades Ganesh Chaturthi en honor al dios Ganesha, había una anciana que realizaba una caminata hasta el arroyo que pasaba por su casa y regresaba para abastecer de agua fresca a su familia y a los animales que habitaban con ella. Para esa labor cotidiana, había fabricado dos vasijas de cerámica, sostenidas en los extremos de los dos palos largos, para poder cargarlas sobre sus hombros. Una de las vasijas estaba en perfectas condiciones y siempre entregaba una porción completa del agua. La otra tenía una grieta profunda, lo que provocaba que el agua se filtrara, por lo tanto, y al final de las largas caminatas que hacía cada día, la vasija rota llegaba siempre medio llena.

Esta situación se daba diariamente y la anciana traía a su casa solo una vasija y media de agua. Por supuesto, la vasija perfecta estaba orgullosa de sus logros, pero la agrietada estaba avergonzada de su imperfección y se sentía miserable porque no podía hacer bien aquello para lo que había sido creada.

Después de algunos años de lo que había percibido como un amargo fracaso, la vasija con la grieta se armó de valor y, aún teniendo miedo, le habló a la anciana junto al arroyo.

–Estoy avergonzada y me siento muy mal, pues esta grieta en mi costado hace que se escape el agua. Trabajas tan duro y, sin embargo, tienes poca agua cuando regresas a casa.

La anciana sonrió y respondió:

–¿Notaste que hay flores en tu lado del camino? Siempre supe de tu grieta, así que planté semillas de flores y árboles todo este tiempo en ese costado.

–¡Qué bellas flores! –dijo la vasija rota.

La anciana continuó diciendo:

–Gracias a ti, me he deleitado con los más bellos aromas y con la sombra en los días de mucho sol. Todos los días, mientras caminábamos de regreso a casa, regabas esas semillas y las ayudabas a crecer. Desde entonces, he podido recoger estas hermosas flores para decorar como ofrenda el altar de mi casa. Sin ti, no habría existido esta belleza para adornar nuestros hogares y nuestras vidas.

Me gustaría que empezaras el proceso de ser consciente y soltar compasivamente todas aquellas creencias sobre ti que te han hecho sufrir. Este es el poder de la intención, tu *bhavana*, para empezar a imaginar una nueva forma de verte a ti y todo aquello que te rodea, porque quiero que comprendas que todas las experiencias que has vivido en la vida hasta ahora han sido por algo.

Todo lo que has atraído a tu vida es para aprender y evolucionar como el ser espiritual y humano que eres. También, todo lo que has vivido es perfecto y el universo ha colaborado para que estés aquí tal como eres, y ahora, al darte cuenta, podrás abrazar y honrar por igual tanto la oscuridad como la luz. Nada es causal y todo es bendecido para tu realización.

Cuando te abres al dolor y no lo rechazas, el corazón empieza a abrirse y sentirás que una nueva vida comienza a florecer. Como dice el proverbio hindú: «En el lodo oscuro y fangoso, un loto abre sus pétalos».

Nuestro karma fue creado para enseñarnos quiénes somos en esencia, podemos reconocerlo sin juicio y decirle: «Gracias, porque contigo me doy ahora cuenta de lo que es bueno para mí y lo que no». Por este motivo, no basta con solo involucrar a la mente en tener un enfoque positivo, tienes que grabártelo en el espíritu. No hay un solo jardinero que le diga a su jardín: «Si no me das flores, no te riego». Lo que quieres sembrar en tu vida y todo lo que sueñas que quieres verdaderamente manifestar, lo demuestras a través de tu aceptación más profunda. Te permitirá crear la vida que realmente quieres vivir, hacer realidad tu sueño más sincero y te convertirás con fe en aquello que estás destinado a ser.

Aunque hoy en día casi siempre escuchamos este consuelo: «Serás mejor». Desde la visión del Yoga, soltamos la necesidad de mejorar, dejamos de esforzarnos por ser alguien que en realidad no somos, para que nazca la compasión por quien realmente somos y, de una forma mágica, el cambio sucede. Te transformas, mientras aceptas la belleza de ser perfectamente imperfecto, tal como eres hoy.

Cuando comprendas esta verdad, apreciarás todo lo que viviste hasta ahora, incluso verás las experiencias más dolorosas con nuevos ojos. Cuando aceptes quien fuiste y todo lo que tuviste que vivir hasta ahora, te sentirás profundamente en paz, te verás en un estado de dicha permanente.

Si ahora tienes el poder de decirle a la vida: «Gracias por todas las alegrías y por todos los dolores que me hicieron aprender y crecer» sin sentir arrepentimiento y sin criticarte, podrás empezar a vivir desde la fortaleza que nace de tu vulnerabilidad, pero sin el miedo de sentirte rechazado. Te relajas con lo que es y con lo que sientes en cada momento, abriéndote a infinitas posibilidades. Decidas lo que decidas y hagas lo que hagas, debes seguir siempre a tu corazón, pero date tu tiempo, sé consciente y escúchalo con amabilidad, sin esperar la aprobación de los demás. Puedes escuchar opiniones, pero tu verdad es la más importante, así que confía en ti y en cómo se comunica contigo tu corazón, porque cuando lo honras, te permites acceder a él, para recibir su sabiduría y su compasión.

Cuando practiques las Cuatro Artes sentirás un gran alivio y una calma profunda, pues estarás haciendo aquello que sabes que es bueno para ti. Sin embargo, cuando el amor crezca mucho en ti, es posible que ni siquiera prestes atención al beneficio personal que te aportará ser consciente de su poder porque estarás demasiado ocupado creando acciones de amor que generarán bienestar a los demás y hasta a la misma Tierra.

Hoy es el comienzo de un nuevo viaje, lleno de descubrimientos y de nuevos destinos. Cuando no esperamos nada y tomamos cada experiencia, incluidas las negativas, como simples pasos en el camino hacia nuestra autenticidad, todo lo que experimentamos en la vida se convierte en nuestro *gurú*, en nuestro maestro.

En la mayoría de las relaciones humanas, pasamos gran parte de nuestro tiempo tratando de controlar que nuestros disfraces de identidad estén en orden. Pero cuando nos damos cuenta de que el viejo yo es guiado por miedos, descubrimos en ellos esta verdad kármica: lo que encontramos en el otro es la proyección de nuestro propio nivel de evolución. Si solo ves oscuridad y condicionamientos, es porque hay oscuridad y condicionamientos en ti. Todavía hay neblina en tu mirada, pero si ves solo amor y luz más allá de las memorias kármicas de aquellos que te rodean, hay bondad y esperanza en ti. Pero somos seres humanos y podemos equivocarnos, así que puedes desarrollar la habilidad de perdonarte y liberarte del dolor producido. Recuerda: «No podemos cambiar el pasado, pero sí podemos elegir cómo afrontarlo y salir adelante».

Cuidar de tu felicidad y de tu libertad requiere de un compromiso de guerrero o guerrera espiritual con los hábitos que afirman tu vida. Si estás conectado, aprendes a soltar y fluyes con lo nuevo que te toca vivir, y si accedes al alma que eres y lo manifiestas a través de las cuatro prácticas yóguicas, accederás al poder del amor.

Por todo ello, a medida que crecemos en nuestra consciencia, habrá más espacio interior y las barreras entre las personas, entre las religiones y entre las naciones, comenzarán a caer. Así como no podemos cortar el aire o el agua, tampoco podemos cortar nuestra conexión más íntima entre todos nosotros. Todo está estrechamente interconectado, pues todo es uno, porque es la energía de la consciencia manifestándose en armonía y equilibrio en cada momento. Cuando la sientes, vuelves a casa y sientes *Gaya*, el latir de la madre Tierra. Sientes el latir de cada animal, de cada persona.

Cuando sientes que el cielo está en ti, descubres que eres quien ha creado *Maya*, y entonces solo tú podrás establecer las reglas del nuevo juego. Ya no te asustará tu propia oscuridad, porque tanto tú como yo somos la fuerza de transformación que hace posible el nuevo mundo y que definirá la naturaleza de la realidad en la que nos estamos moviendo. Solo cuando la oruga se abandona al proceso de convertirse en mariposa, el cambio es posible.

Por este motivo, las Cuatro Artes no hablan acerca de un aprendizaje teórico, sino sobre una enseñanza práctica basada en la sabiduría universal, independientemente de si somos yoguis o no. Para cultivarlas, necesitamos confiar y estar abiertos al resultado, pero sin aferrarnos a él (*nishkam karma*), confiando en su continuo flujo, para que todo vuelva a encajar en un orden cósmico difícil de explicar. Te sentirás agradecido y harás de tu vida una expresión del respeto que sientes por ti y por toda la creación. Y eso es algo maravilloso.

La sabiduría milenaria de los yoguis de Patanjali es erradicar el sufrimiento y ser la expresión más pura de todo aquello que da vida a este universo, es la misma consciencia que está en ti y en mí. Como dijo Jesús de Nazaret: «Tú eres la luz del mundo». Tal como escuchaba en el *ashram* en muchas ocasiones: «Cuando recuperas la relación con tu corazón, la naturaleza y los cielos se abren; recuperas la relación contigo mismo y con los demás seres humanos». Porque vivir siendo conscientes, despertando al alma que eres, es vivir desde el corazón en el aquí y ahora. Entonces, te convertirás en el mayor fruto de estas enseñanzas milenarias de transformación.

## Intención de agradecer

Cada ser humano tiene el poder de salir de la oscuridad del karma. Si te alineas con tu verdadero ser, te empoderas, y eso te lleva a que tu personalidad sea amable, sabia, sensible, sepa perdonar, soltar el pasado y poner límites.

Cuando contemplas el mundo con mirada amorosa y de aceptación, en tu mundo todo es perfecto. Te amas. Y es así como tu amor propio te llevará a tomar decisiones apoyadas en tu corazón. Porque vivir con consciencia es la práctica simple y profunda de apreciar de forma sagrada como *la luz nace de la oscuridad*. Sin la oscuridad, nunca hubiéramos sabido de la existencia de la luz y de nuestra verdadera autenticidad.

Las personas que siguen las tradiciones contemplativas y ancestrales del Yoga, así como otras milenarias del mundo, se sienten siempre agradecidas, porque llegan a comprender que la vida es un don que se les ha concedido. La gratitud es ver la luz en el horizonte cuando aquí está cayendo una tormenta. No pierdes la esperanza y algo en ti te dice que todo pasa.

Hay una leyenda de una deidad hindú que con el pasar de los siglos se ha convertido en la representación más fiel para agradecer a la vida y al mismo tiempo dar la bienvenida a nuevos ciclos libres de los condicionamientos kármicos de *Maya*. Es la historia del dios Ganesha, presente en miles y miles de hogares de la India y del resto del mundo.

Cuenta la leyenda que el dios Ganesha nació fruto de la unión entre los dioses: la princesa Parvati y el gran yogui Shiva. Parvati, esposa de Shiva, dejó en su puerta a su hijo para evitar que nadie entrara, mientras ella se tomaba un baño. Cuando Shiva regresó después de sus prácticas meditativas, quiso entrar en la casa y Ganesha no lo dejó. No sabía que era su hijo, así que, enfadado, le cortó la cabeza. Parvati quedó tan agobiada por la muerte de su hijo que Shiva no pudo soportar la tristeza de su esposa. Para devolverle la vida, prometió sustituir la cabeza del recién nacido con la del primer ser vivo que encontrara. Y encontraron la de un elefante. Ganesha volvió a la vida como un semidiós. Su cabeza de elefante representa nuestra alma o consciencia pura (*atman*) y su cuerpo representa nuestro cuerpo humano (*maya*). *Atman* es *Brahma* en cada uno de nosotros.

El mensaje más profundo que guarda esta leyenda es el hecho de que somos unión entre lo espiritual y lo humano, entre nuestra consciencia espiritual y nuestro corazón humano. Por ejemplo, los cuatro brazos de Ganesha tienen la simbología de cómo deshacernos del *Velo de Maya*. Con una mano hace un gesto (*mudra*) para crear espacio interior y no perder la paz. En la otra, lleva una flor de loto que significa nuestro progreso consciente. Otra mano sostiene un hacha que simboliza nuestro discernimiento para saber cuándo estamos influenciados por la memoria kármica. Y la cuarta sostiene un dulce, para ofrecer amabilidad en el camino, sin criticarnos. Por su parte, las enormes orejas de Ganesha demuestran nuestra capacidad para desarrollar la escucha consciente, sin juicio o interpretación. Sus ojos son pequeños porque el mundo exterior es *Maya* y es importante concentrarse para ver la realidad tal como es. Su boca pequeña simboliza que debemos hablar menos y su gran barriga representa nuestra naturaleza compasiva y relajada. La representación de Ganesha sentado sobre un ratón significa que podemos gobernar los deseos mundanos cuando somos consciencia y corazón. Por todas estas simbologías, el dios Ganesha se convirtió en un fiel recordatorio de aquello «que elimina los obstáculos creados por el karma».

En la India y en muchos hogares del mundo, hay familias que semanalmente agradecen al dios Ganesha en el altar de sus hogares a través de la ceremonia tradicional hindú conocida como *puja*. Las *pujas* son una forma de agradecer todo aquello que nos ha permitido avanzar en la vida, por eso una parte indispensable de toda *puja* es la devoción. Sin amor, el acto externo tiene poco valor, pero, con gratitud, incluso los gestos más simples como dejar una piedra, una fruta o una flor en el altar se convierten en ofrendas sagradas. Con la *puja* mostramos nuestro agradecimiento más sincero a la vida.

Cuando tu amor e intención se vuelven puros, el mundo te lo refleja de manera perfecta, porque para vivir de forma libre y feliz es clave que te sientas agradecido por el pasado, el presente y por todo aquello que vendrá, así conviertes tu vida en una *puja*. Haces tus cosas cotidianas con agradecimiento. Como dijo el místico cristiano Eckhart: «Si tu única oración en esta vida es gracias, eso sería suficiente».

En ocasiones, me decían: «El sufrimiento es la energía más dignificada de todas». Porque cuando comienzas a relacionarte con ella y con su energía desde la gratitud, se convierte en un sendero hermoso, donde liberas lo que quedó atrapado por mucho tiempo, abrazas el cambio y empiezas a perdonarte. Cuando sientes gratitud por lo vivido y por lo que vives ahora, te perdonarás. Habrá una profunda aceptación de ti mismo y te resultará más fácil perdonar a los demás. Entonces una nueva vida será posible.

Cuando te aceptas tal y como eres, descubres que no tienes que ser perfecto para amarte. Sentirte agradecido por quien eres es amarte de forma incondicional, pues es amor sin razón y sin motivo alguno. Simplemente, brota de tu interior al sentirte unido con todo aquello que la vida quiere ofrecerte. Si lo haces, estás practicando el significado más elevado del Yoga.

En las antiguas escrituras de las *Upanishads* se describe a Dios como *Satchidnanda*: «La siempre existente y consciente nueva dicha». Dios es éxtasis y es lo más sublime. Si quieres estar cerca, aprende a vivir con un corazón abierto, porque, sea cual sea la circunstancia que vivas, si te mantienes consciente y conectado, pase lo que pase, hallarás a Dios en todo. Siendo alma, es decir, consciencia pura, puedes lograr que tu vida se convierta en una meditación permanente, donde todo fluya sin esfuerzo, pues reinan la sabiduría y la compasión en ti y en todos los que te rodean. Esa es la magia y ese es el secreto.

Créeme, todo está en el poder de tu intención, querer conectarte realmente a tu esencia hecha de consciencia pura. Siempre habrá momentos de estrés, ansiedad y tristeza, pero cuando vuelves a tu interior, descubres que has encontrado un camino que te conducirá hacia la paz interna. Si eres constante y tienes paciencia, conseguirás vivir de manera plena y brotará en ti la alegría de sentirte vivo, pues simplemente eres.

Sé honesto contigo mismo y presta atención a las Cuatro Artes, ya que así atraerás una vida en verdad maravillosa, porque cuando te amas eres la versión más auténtica de ti mismo. Entonces, un nuevo florecer será realmente posible y nuevos caminos se abrirán ante ti y vivirás sintiendo solo amor para el resto de tu existencia.

Trabaja para que tu corazón sea el centro de tu poder, para que puedas atender a cada una de las cuatro prácticas yóguicas. Al seguir tu corazón en cada una de ellas, eres libre y te realizas en todo lo que haces.

Por este motivo, el universo no responde a tus palabras, sino a las vibraciones que sientes. Si sientes gratitud por todo lo vivido, todo será mucho más fácil, pero si sientes pesar por todo el pasado, el universo no te responderá como desearías. Cuando nos sentimos agradecidos, desarrollamos la habilidad de conectar con todo lo que nos rodea: el aire, las flores, una mirada inocente de alguien, el sol, cualquier cosa. Agradecer es una pausa que te aporta paz y serenidad y te llena de energía. Te lleva al momento presente, pues la gracia te inundará y te hará sentirte dichoso. Todo lo que sucedió es perfecto tal y como es.

Desde ahora en adelante, las cosas más sencillas adquieren un significado más profundo. Empiezas a brillar y tu corazón se llena de reverencia, de amor, de agradecimiento. Es como cuando esa hoja de otoño que se despega y viene sostenida por el aire por unos instantes nos parece el movimiento más bello. Cuando despiertas a tu alma eterna y llena de luz, cada insignificante espacio recobra su belleza, te conmueve, y empiezas a vivir una existencia extraordinaria. Como dijo el gran poeta místico sufí Hafiz: «Incluso después de todo este tiempo, el Sol nunca le dice a la Tierra: me debes. Mira lo que sucede con un amor así. Ilumina todo el cielo». Tu propósito más sincero es el propósito de tu alma por un bien común, el de la Tierra y el de todos los seres que habitan en ella.

## Intención de amar incondicionalmente

Me gustaría que ahora te dieras permiso para abrir tu corazón y sentir cómo crece el amor en él. Porque recuerda: tu felicidad está en si te abres y te conectas con tu alma. Las palabras que vas a leer son una intención de amor muy poderosa que dará frutos desde lo profundo de tu corazón.

Quiero primero que te tomes unos instantes para conectar con tu cuerpo y tu respiración. Quizás quieras encender una vela y un incienso. Quiero que sientas lo sagrado de este momento.

Lentamente, sé consciente de todo tu cuerpo y siente las sensaciones que surjan, su peso y su forma. Cuando seas consciente de todo tu cuerpo, cierra los ojos y haz una inspiración profunda y al espirar relájate. Haz otra inspiración profunda y al espirar disuelve y relaja todas las tensiones físicas y sutiles que pudiera haber.

Siente ahora tu guía interna que nunca te deja al llevar tu atención al corazón y siente cómo este se abre poco a poco. Siente su latido, cómo se expande y se contrae con cada respiración. Percibe su ritmo. Concéntrate en las sensaciones que vayan emergiendo.

Ahora toma estas enseñanzas: respíralas y siéntelas. Te llevas el mayor regalo: que es en quien te has convertido. Este es el espíritu que fluye en ti para decir sí a la vida. Has llorado, has reído y has tomado consciencia de comprensiones profundas que se posan en tu corazón para siempre, desde la quietud y el silencio. Te hace sentir más sereno y lleno de paz porque, siempre que volvemos al corazón, lo hacemos a nuestro equilibrio, a *mitahar*. Ser conscientes del cuerpo y de la respiración nos lleva a ser más amor.

Ahora quiero que visualicemos juntos esta semilla de intención que crecerá en tu corazón hasta convertirse en una nueva vida, pues te dará acceso a la belleza de cada momento. Allá donde te encuentres, podrás volver a esta semilla siempre que lo necesites.

Imagínate a ti mismo caminando en un majestuoso bosque en un día de primavera. Te deleitas con toda la vida alrededor y te sientes en calma. Caminas lentamente y al pasar un tiempo, te encuentras con una pequeña puerta de madera entre los arbustos. Sin tocarla se abre y sin miedo y con curiosidad entras lentamente.

Dentro descubres un jardín con muchas flores y oyes a los pájaros que cantan. Todo a tu alrededor está lleno de vida. Sientes el palpitar del jardín y de todos sus colores. Sus aromas te llevan a un estado de dicha. Puedes incluso sentir los rayos del sol en tu piel, una sensación que te revitaliza. Sigues caminando entre árboles altos y anchos y te das cuenta de que proporcionan sombra a los animales y a los insectos. Descubres un riachuelo y decides refrescarte. Te sientes vivo y en él ves toda su vida. Decides recorrerlo y te das cuenta de que detrás de ti hay cientos de mariposas que te acompañan en el camino. Ves un gran océano: sus aguas cristalinas de tonos turquesa con arena blanca. Apenas hay profundidad. El paisaje es maravilloso. Las olas están muy tranquilas como el latido de tu corazón.

Decides ir a la playa y descubres sobre el agua una gran flor de loto blanca meciéndose suavemente. Te acercas y ves que tumbado sobre la flor hay un recién nacido que te sonríe y te mira con ojos relucientes: ese recién nacido eres tú. Sientes una luz que baña todo tu pequeño cuerpo.

Sientes que todo es amor, que todo es dicha. Sientes la luz del alma en tu corazón.

Gracias por convertirte en la Luz del Universo que da vida a todo y que continúa creándose a cada instante. Gracias por responder y ser un puente de dicha y conexión entre tu corazón y mi corazón. Gracias por hacer de este día un milagro: nuestros ojos brillan y nuestra alma reluce, haciendo que nos amemos incondicionalmente y vivamos desde ahora y para siempre con felicidad y libertad. *Om, shanti, Namasté.*

# Agradecimientos

Deseo expresar mi profunda gratitud a Patricia Rodríguez, la madre de este libro, por todo su amor, dedicación y sabiduría. También deseo expresar mi profunda gratitud y afecto a todo el equipo de la Editorial Kairós, en especial a Agustín Pániker por su confianza y acompañamiento durante el proceso de elaboración de esta obra, así como a Isabel Asensio por su profesionalidad.

Deseo expresar mi humilde agradecimiento a Ken Wilber por todo el apoyo que he recibido de él a lo largo de los años. Quiero también enviar mi gratitud a Cristina Cuadrado y a Mariana Montes por su generosidad y a todas aquellas amistades por su confianza y amor sincero. También me gustaría manifestar mi respeto y agradecimiento a las personas que me mostraron con sus vidas la verdad y el poder de transformación de las enseñanzas presentes en este libro.

Finalmente, quiero expresar mi profunda gratitud a todos nuestros ancestros, a la tradición milenaria del Yoga y a nuestra Luz de la Creación por la inspiración y el amor que recibí para dar vida a este libro.

# Bibliografía

Krishnamurti, Jiddu. *Relación y amor: la verdadera revolución* (Sabiduría Perenne). Editorial Kairós, Barcelona, 2010.

Land, Lara. *The Essential Guide to Trauma Sensitive Yoga: How to Create Safer Spaces for All.* Shambhala, Boulder, 2023.

Powers, Sarah. *Lit from Within: Yoga, Teachings, and Practices to Illuminate Our Inner Lives.* Shambhala, Boulder, 2021.

Tami, Simon. *El crítico interno y la autoaceptación. Cómo ser compasivo contigo mismo en cualquier situación.* El Grano de Mostaza, Barcelona, 2016.

Yogananda, Paramahansa. *Afirmaciones científicas para la curación.* Self-Realization Fellowship, Barcelona, 2009.

—. *Vive sin miedo: despierta la fuerza interior de tu alma.* Self-Realization Fellowship, Barcelona, 2009.

—. *El viaje a la iluminación: cómo percibir a Dios en la vida diaria.* Self-Realization Fellowship, Barcelona, 2011.

—. *Autobiografía de un yogui.* Self-Realization Fellowship, Barcelona, 2018.

—. *Donde brilla la luz: sabiduría e inspiración para afrontar los desafíos de la vida*. Self-Realization Fellowship, Barcelona, 2020.

—. *En el santuario del alma: cómo orar para obtener la respuesta divina*. Self-Realization Fellowship, Barcelona, 2020.

Welwood, John. *Perfect Love, Imperfect Relationships: Healing the Wound of the Heart*. Trumpether, Durban, 2005.

Wilber, Ken. *La visión integral: Introducción al revolucionario enfoque sobre la vida, Dios y el Universo* (Sabiduría Perenne). Editorial Kairós, Barcelona, 2023.

—. *Gracia y coraje: en la vida y en la muerte de Treya Killam Wilber* (Conciencia Global). Gaia Ediciones, Madrid, 2015.

Eres las estrellas
y el espacio entre ellas.
Que la luz brille, ahora y siempre,
en tu corazón.

*Om Namah Shivaya*

editorial **K**airós

Puede recibir información sobre
nuestros libros y colecciones inscribiéndose en:

**www.editorialkairos.com**
**www.editorialkairos.com/newsletter.html**

Numancia, 117-121 • 08029 Barcelona • España
tel. +34 934 949 490 • info@editorialkairos.com